Kanada

Bilder von Karl-Heinz Raach
Texte von Karl Teuschl

INHALT

Erste Seite: Stille und Einsamkeit verspricht der Schäffer Lake – er liegt in der Nähe des Lake O'Hara im Yoho National Park.

12 KANADA – EIN LAND WIE EIN KONTINENT

Seite 2/3: Gletschersee der Extraklasse: Maligne Lake im Jasper National Park ist mit 22 Kilometern Länge der größte Gletschersee der Rockies. Den Sommer über werden Bootstouren angeboten – oder man erkundet das fotogene Tal auf eigene Faust per Mietkanu.

20 PAZIFIKKÜSTE – GRÜNES LAND IM WESTEN

Seite 54
Totempfähle – Heraldik in Holz

Seite 4/5: Leben mit dem Eis: Baffin Island ist sieben Monate im Jahr von Packeis umschlossen. Die Menschen hier haben sich damit arrangiert. Nur wenige Inuit reisen allerdings noch traditionell mit Hund und Schlitten – Schneemobile sind schneller.

80 ROCKY MOUNTAINS – DAS DACH DES KONTINENTS

Seite 88
Fairmont-Hotels – Betten mit Blick

100 Arktis – Land am Rande der Welt

Seite 116
Goldfieber am Klondike

Seite 130
Eisbären – Einsame Wanderer der Arktis

136 Ontario und die Prärien – Wälder und Weizen

Seite 162
Mennoniten –
Leben wie die Urgroßeltern

180 Québec – Savoir vivre in der Neuen Welt

200 Atlantikküste – Hummer, Strände, hohe Klippen

Seite 212
La Forteresse de Louisbourg –
Auferstanden aus der Asche

Seite 8/9:
Leben am Rande der Welt: »Outports« heißen die weltabgeschiedenen Fischerhäfen in Neufundland. Tilting, einst von Iren gegründet, ist eines von rund zehn solcher Dörfer auf Fogo Island.

Seite 10/11:
Kanadas Wilder Westen: Das Steppenland des Fraser Plateau in British Columbia ist seit hundert Jahren ein Zentrum der Rinderzucht. Die Gang Ranch, lange einer der größten Viehbetriebe Kanadas, wurde einst von Goldgräbern gegründet.

Kanada – Ein Land wie ein Kontinent

Jenseits aller Straßen: Am Atlin Lake ganz im Nordwesten von British Columbia endet der Highway. Tiefer ins Hinterland kommt man – wie überall im Norden Kanadas – nur per Wasserflugzeug.

Kanada – Ein Land wie ein Kontinent

Gut sechs Stunden würde ein Flug von Küste zu Küste in Kanada dauern. Viel Grün wäre zu sehen und viele blaue Seen. Doch ein Flug würde den Dimensionen Kanadas nicht gerecht. Eher schon eine Fahrt auf dem 7821 Kilometer langen Trans-Canada Highway von der Ostküste Neufundlands bis Victoria auf Vancouver Island im Westen. Oder vielleicht eine Bahnfahrt. Fünf Tage braucht die Passagierlinie von VIA-Rail vom Atlantik zum Pazifik. Zweimal umsteigen inklusive. Von Toronto bis Vancouver bleibt man 4424 Kilometer in demselben Abteil – nur die Szenerie vor dem Fenster wechselt. Zuerst Farmen und kleine Städte, dann die unendlichen Wälder Nordontarios. Danach fährt man 20 Stunden durch die Prärien, ehe die Rocky Mountains vor dem Abteilfenster auftauchen und schließlich die grünen Riesenwälder an der Pazifikküste.

Erst bei der Reise am Boden werden die Dimensionen Kanadas wirklich erfahrbar. Ansonsten bleiben alle statistischen Superlative nur Hülsen: Knapp 10 Millionen Quadratkilometer groß ist Kanada, fast 30-mal größer als Deutschland. Allein in Québec, der größten der zehn Provinzen im zweitgrößten Land der Erde, würde Deutschland gut viermal Platz finden. Und nicht nur vom Atlantik zum Pazifik ist Kanada gigantisch groß. Von der Südgrenze am 49. Breitengrad bis in die baumlose Arktis nach Ellesmere Island, das nur noch 780 Kilometer vom Nordpol entfernt liegt, sind es 4000 Kilometer. Und in dem ganzen weiten Land leben nur etwa 31 Millionen Menschen.

Trapper und Pelzhändler haben Kanada einst erschlossen. Per Kanu erkundeten sie die unendlichen Weiten auf der Suche nach Biberpelzen. Später kamen die Siedler – vielfach per Bahn – und nahmen die fruchtbaren Prärien unter den Pflug, züchteten Rinder im Vorland der Rockies und fingen Lachse in den Fjorden der Westcoast. Wie die USA ist Kanada seit 200 Jahren ein Einwandererland. Doch anders als beim Nachbarn im Süden greift hier nicht das Konzept des Schmelztiegels. Kanada will ein Mosaik der Kulturen sein, ein Vielvölkerstaat. Multikulturalismus heißt das Schlagwort. Es gibt keine Mehrheit, sondern nur Minderheiten. Zu den Hauptgrup-

In heute rund 40 Nationalparks stehen die schönsten Naturschätze Kanadas unter Schutz. Der nur auf Wanderpfaden erreichbare Mary Lake im Yoho National Park in den Rockies ist solch ein magischer Ort.

pen der Briten und Franzosen kamen Polen und Ukrainer, Sikhs und Chinesen, Einwanderer aus Haiti, Libanesen, Portugiesen und viele Deutsche. Jeder findet in Kanada seine Nische, seine neue Heimat. Man ist tolerant anderen Religionen und Denkweisen gegenüber, zwingt die Einwanderer nicht zur Assimilation. Raum ist genug da, für jeden.

Moderner Staat in urwüchsiger Wildnis

Kein Wunder, dass auch heute Einwanderer ins Land drängen: Nach Umfragen zählt Kanada neben Neuseeland, Australien und Schweden zu den Ländern mit dem friedlichsten, freundlichsten Image weltweit. Und sogar das Klischee vom kalten Nordland greift längst nicht überall – die südlichste Ecke Kanadas, die Halbinsel Point Pelee im Lake Ontario, liegt auf der Höhe von Rom, mit fast ebenso sonnigen, heißen Sommern. Wer hätte das gedacht?

Seit den Zeiten der Pioniere hat sich Kanada grundlegend gewandelt. Aus dem Land der Indianer und Trapper, einer verschlafenen Kolonie des britischen Empire, wurde ein moderner Staat, ein hilfsbereiter Gönner für viele Drittweltländer und Teilnehmer an allen UN-Friedensmissionen seit 1945. Kanada kann seinen Bürgern Lebensstandard und Lebensqualität bieten wie kaum ein anderes Land der Erde. Auf den weiten Ebenen der Prärien, wo einst Millionen von Bisons weideten, schimmert goldgelber Weizen, Raps und Roggen – Brot für die Welt. Tief aus dem Sandsteinuntergrund Albertas sprudelt ein reicher Strom von Öl, in den einst völlig menschenleeren Rockies tummeln sich jedes Jahr vier Millionen Besucher.

Aus den Camps der Indianer und den Handelsposten der Pelzjäger wurden Metropolen, die per Flugzeug und Datenleitungen mit allen Ländern der Welt vernetzt sind. Kanada ist zu einer High-tech-Nation herangewachsen. Noch immer aber ist es der gewaltige Reichtum an natürlichen Ressourcen, die das wirtschaftliche Wohlergehen sichern. Öl und Erze, Holz und Fische sind die Grundlage der produktivsten Industriezweige.

Viel hat sich geändert in Kanada, geblieben aber ist die urwüchsige landschaftliche Schönheit. Und die Tatsache, dass das weite Hinterland nahezu so leer ist wie seit Urzeiten. Der Staat war weise genug, schon früh große Naturräume für zukünftige Generationen unter Schutz zu stellen. Bereits 1885 wurde Banff gegründet, der erste Nationalpark des Landes. Heute stehen mehr als 200 000 Quadratkilometer völlig unberührter Naturlandschaften in rund 40 Nationalparks unter dauerhaftem Schutz – eine Fläche gut fünfmal so groß wie die Schweiz. Von den Regenwäldern der Westcoast in die hohe Arktis und bis zu den zerklüfteten Küsten am Atlantik werden spektakuläre Landschaften und ganze Ökosysteme bewahrt.

80 Prozent aller Kanadier leben in einem nur zweihundert Kilometer breiten Streifen ganz im Süden des Landes. Da bleibt viel Platz. Noch ist der Vorrat an unberührter Wildnis in Kanada nicht aufgebraucht. Kein Wunder, dass bei der Fahrt quer durch den Kontinent immer wieder mal ein Bär über den Highway hoppelt oder ein Elch am See vor dem Zugfenster vorüberzieht. Kanada hat noch Platz für Träume von Abenteuer und Wildnis, von Kanutouren in die Einsamkeit und Wanderungen in Bergregionen, wo die Gipfel noch namenlos sind.

Seite 16/17: Kanadische Ikone: Die Niagara-Fälle sind unbestritten Kanadas berühmteste Attraktion. Und schon seit 1846 fahren die Boote der »Maid of the Mist« in den tosenden Kessel am Fuß der 54 Meter hohen Horseshoe-Fälle.

Seite 18/19: Panoramen am laufenden Band: Der Icefields Parkway, die legendäre Gletscherstraße der Rockies zwischen Banff und Jasper, verläuft auf fast 250 Kilometer Länge direkt am Grat der Rocky Mountains entlang.

Das Ahornblatt ist seit 1965 das offizielle Emblem Kanadas. In St. Martins an der Bay of Fundy will man damit die Einheit des Landes beschwören – tatsächlich wird die separatistische Bewegung in Québec derzeit schwächer.

Pazifikküste – Grünes Land im Westen

Die Westküste von Vancouver Island gibt sich wildromantisch. An der im Winter oft stürmischen Küste schlagen die Brecher des offenen Pazifiks mit ungehinderter Wucht auf die Strände von Long Beach ein.

Pazifikküste – Grünes Land im Westen

Naturgenuss und feine Küche: Wer sagt denn, dass großartige Wildnis und leckerer Lachs nicht zusammenpassen? Das auf Stelzen über den Strand gebaute Wickaninnish Restaurant im Pacific Rim National Park beweist das Gegenteil.

Der Jubel war groß, als im Sommer 2003 das Olympische Komitee bekannt gab, dass Vancouver der Austragungsort für die Winterspiele 2010 sein sollte. Gejubelt wurde vor allem in dem winzigen Bergdorf Whistler rund zwei Stunden Fahrt nördlich der Metropole, denn dort finden die alpinen Wettkämpfe statt. Ein spektakulärer Erfolg. Noch 1964 gab es keine Straße in diese Bergwildnis. 1966 öffnete der erste Lift, und erst 1980 wurden der Ort und ein zweiter Skiberg ausgebaut. Inzwischen ist Whistler ein international bekanntes Pistenrevier der Superlative – mit gut 30 Liften, mehr als 200 ausgewiesenen Abfahrten und mit rekordverdächtigen 1600 Metern Höhenunterschied. Eine Boomgeschichte wie so viele im jungen Westen Kanadas. Wo vor 50 Jahren noch der Wilde Westen herrschte, hat das 21. Jahrhundert Einzug gehalten. Kein Wunder, denn B.C. – so wird die Provinz British Columbia meist kurz genannt – kann mit den vielfältigsten Landschaften und dem besten Klima ganz Kanadas aufwarten. Es dauerte allerdings etwas, ehe die Provinz aus ihrem Dornröschenschlaf erwachte. Erst seit dem Zweiten Weltkrieg geht es so steil bergauf.

Die Kolonialzeit Westkanadas verlief ohne großes Aufsehen: Kaum 200 Jahre ist es her, seit die ersten Schiffe englischer Pelzhändler vor Vancouver Island auftauchten. Reiche, kriegerische Stämme wie die Haida, Nootka und Kwakiutl teilten sich damals die Westcoast in ihre Stammesreviere auf. Doch die aus Europa eingeschleppten Krankheiten bewiesen ihnen schnell, dass die Götter der bleichen Fremden mächtiger waren als die ihren – und dezimierten die Stämme zur Bedeutungslosigkeit. Kampflos übernahmen die Händler und Trapper der Hudson's Bay Company wenig später die gesamte Region.

Um 1860 kam Bewegung in die Geschichte. Ein kurzer Goldrausch in den Cariboo Mountains lockte Abenteurer an, von denen viele nach den stürmischen Goldjahren als Siedler blieben. British Columbia wurde zur eigenständigen Kolonie erklärt und trat 1871 der neu gegründeten Kanadischen Konföderation bei. Doch die lag fern im Osten, eine monatelange Kanu- und Pferdereise entfernt. Erst die transkontinentale Bahnlinie der Canadian Pacific Railway schuf 1885 ein stählernes Band, das den Kontinent umgürtete und Kanada zusammenhielt. Fast 80 Jahre lang blieb der Schienenstrang der CPR die einzige Überlandverbindung vom Atlantik zum Pazifik. Per Bahn kamen die Siedler in den Westen, per Bahn reisten die ersten Touristen in die Wunderwelt der Rockies. Die Bahn war für Generationen die Lebensader Kanadas. Erst 1962 wurde der Trans-Canada Highway als erste Straße von Küste zu Küste fertig gestellt. Kaum 40 Jahre ist das her, und selbst heute gibt es im gesamten Westen Kanadas nur vier Highways, die aus dem Landesinneren bis an den Pazifik führen.

Schmuckstück Vancouver

Das Schmuckstück British Columbias ist unbestritten Vancouver. Keine andere Stadt Kanadas kann ihr das Wasser reichen. Nicht in der Lage und nicht im Lebensgefühl. Eine Stadt, der jeder Besucher sofort verfällt. Und Vancouver weiß das, spiegelt sich selbstverliebt in den Wellen von Burrard Inlet und English Bay, den beiden Fjorden, die sie umarmen. Weiße Yachten schweben über das glitzernde Wasser, elegante Villen klettern die Hänge der grünen Coast Mountains hinauf. Im fein manikürten Stanley Park joggen und flanieren die Städter vor der Hochhauskulisse der Downtown. In den Cafés der schicken Robson Street trifft sich bei Tiramisu und Espresso, wer gesehen werden will. Luxuriöse Hotels, Szeneclubs, modische Boutiquen, dynamische Architektur von Stararchitekten wie Arthur Erickson (Court House) oder Moshe Safdie (Public Library). Feine Stadtkultur wie man sie im Wilden Westen kaum vermutet hätte.

Seitdem Vancouver 1886 als Endstation der Canadian Pacific Railway gegründet wurde, hat sich die City zur drittgrößten Metropole Kanadas gemausert. Den letzten Bevölkerungsschub brachten rund 70000 Hongkong-Chinesen, die vor der Übernahme der Kronkolonie durch China bis 1995 einwanderten – was der Stadt schon den Spitznamen »Hongcouver« eingetragen hat. Seither hat sich Vancouver einen weiteren Beinamen verdient: »Hollywood North«. Angelockt von der herrlichen Lage und dem günstigen kanadischen Dollar drehen Hollywood-Regisseure hier jedes Jahr Dutzende von Filmen und Fernsehserien. Schmutzige Industrien besitzt Vancouver kaum, die 2,1 Millionen Menschen, ein buntes Völkergemisch aus Ost und West, leben vom Hafen, vom Handel und von der Verwaltung der riesigen Provinz.

Tiefe Fjorde und düstere Urwälder

Im Stundentakt stampfen von der Metropole aus die großen Autofähren durch die Juan de Fuca Strait hinüber zu der vorgelagerten Insel, die in Captain George Vancouver denselben Namenspatron hat wie die Großstadt am Festland: Vancouver Island. Eine Insel der Extraklasse: fast 500 Kilometer lang und so groß wie Nordrhein-Westfalen. Eine faszinierende Urwelt mit tiefen Fjorden und geheimnisvoll düsteren Urwäldern, mit wildromantischen Stränden und nostalgischen Fischerorten. Welche Möglichkeiten diese riesige Insel bietet, lässt sich schon auf der Fähre erahnen: Wanderer mit großen Rucksäcken gehen an Bord, ältere Herrschaften mit Golfausrüstung, turtelnde Pärchen auf Honeymoon, dazwischen einige Holzfäller und Fischer. Bei schönem Wetter trifft man sich auf Deck, hält Ausschau nach Adlern und Schwertwalen. Einmal angekommen, trennen sich die Wege: Im Süden locken quirlige Städtchen und an der flachen Ostküste auch Badeorte. Direkt an der Südspitze der Insel wartet Victoria, die traditionsreiche Provinzhauptstadt von British Columbia. Um den mit Segelbooten

*Links:
Britische Nostalgie in Victoria: Das Fairmont Empress Hotel wacht seit 1908 über dem Hafen. Der Prince of Wales stieg hier schon ab, Rudyard Kipling und auch viel Hollywood-Prominenz.*

übersäten Inner Harbour herrscht britische Kolonialatmosphäre, was vor allem die vielen amerikanischen Besucher entzückt. Ganz anders der Nordteil der Insel: Nur ein paar Fischer- und Holzfällerdörfer gibt es dort, dazu aber 2000 Meter hohe Bergzüge, Lachsbäche und endlose Waldgebiete. Zwar haben vielerorts die »lumberjacks« ganze Arbeit geleistet und so manche Berghänge kahl geschlagen, doch in großen Schutzgebieten wie dem Strathcona Provincial Park blieb noch echter Urwald erhalten. Noch eindrucksvoller wird es draußen an der Westcoast, wo der Pazifik in mächtigen Brechern auf die Küste einschlägt und im Herbst wilde Stürme toben. Dies ist die raue, fast menschenleere Regenseite der Insel – eine der wenigen Regionen der Welt, in denen in gemäßigten Breiten echter Regenwald wächst. Manche der Douglasien, Sitkatannen und Cedars, die hier gedeihen, sind über 800 Jahre alt und mehr als 70 Meter hoch. Der Pacific Rim National Park schützt einen Teil dieser nebelverhangenen Urwälder. An den langen grobsandigen Stränden türmt sich Treibholz zu bizarren Scheiterhaufen, in den Gezeitentümpeln sind Seesterne und bärtige Muscheln zu bewundern. Draußen in der Brandung tummeln sich Seelöwen und Otter, und oft lassen sich sogar Grauwale oder Schwertwale sehen.

Noch heute ist Vancouver Island Indianerland. Doch ist nicht viel geblieben von der stolzen Glorie der einstigen Herren des Landes. Im Royal British Columbia Museum von Victoria sind ihre alten Besitztümer ausgestellt – herrliche geschnitzte Masken und Schmuck, Totempfähle und Jagdgerät. Beeindruckend, und doch nicht mehr als bunte Folklore. Die wahre, oft nicht so schöne Indianerwelt findet man im Norden der Insel, in Dörfern wie Cape Mudge oder Alert Bay. Es herrscht Arbeitslosigkeit, Alkohol fordert seinen Tribut. Im Gegensatz zu den anderen Regionen Kanadas gab es an der Westcoast früher keine Verträge der Regierung mit den Indianern.

Rechts: Ein satter Regenbogen überspannt den Highway am Cameron Lake auf Vancouver Island – zuweilen hat das feuchte Klima der Westcoast seine sonnigen Momente.

Sie wurden einfach ignoriert. Erst in jüngster Zeit regt sich Hoffnung in den Dörfern der Indianer. Es gibt Verhandlungen über eigene Landgebiete, und sie sollen auch an der lukrativen Holzindustrie beteiligt werden. Anfang der 80er Jahre wurden sogar Masken und Zeremonienobjekte aus den Museen im Osten wieder an die Indianer zurückgegeben: Anlass für eine Wiederbelebung alter Rituale und Feste.

Jenseits der Coast Mountains

Jenseits der auf über 4000 Meter aufragenden Coast Mountains, die als mächtige Barriere die Regenwolken des Pazifiks abfangen, ändern sich Klima und Landschaft. Trocken ist es dort, heiß und sonnig. Auf den Uferbänken über dem mächtigen Fraser River wächst »sagebrush«, der amerikanische Salbei, ein typisches Wüstengewächs. Riesige Ranches dehnen sich im Herzen von

British Columbia über sonnenverbrannte Hügelketten. In Wildwest-Nestern wie Ashcroft oder Lillooet tropfen die Tage träge dahin. Hölzerne Fassaden und staubige Pick-up-Trucks bestimmen das Bild. Dabei hätte zumindest Lillooet Besseres verdient: Das Städtchen war vor 130 Jahren der Startpunkt der Cariboo Road, der ersten Wagenstraße des Westens. Postkutschen und Maultierkarawanen starteten von hier den Treck zu den Goldfeldern der Cariboo Mountains. Tausende von Abenteurern legten in Lillooet Pause ein. Manche blieben – unfreiwillig, auf dem Friedhof des Örtchens. Der Galgenbaum in Lillooet kann es bezeugen.

Der Highway 97 folgt der alten Route der Cariboo Road nach Norden. Durch Ranchland und lichte Kiefernwälder, vorbei an lang gestreckten Seen, Obstgärten und Pferdekoppeln. Erst nach Williams Lake, dem größten Ranchort des Interior, gewinnt der Wald wieder die Oberhand. Nur ein paar Sträßchen führen hier noch in die Cariboo-Berge zu Geisterstädten wie Barkerville, Likely oder Horsefly und zu Paddelrevieren wie den Bowron Lakes. Der Highway 97 strebt noch weiter nordwärts und mündet schließlich in den Yellowhead Highway, der die Trennlinie bildet zwischen dem – mehr oder minder – zivilisierten Süden von B.C. und dem nahezu unerschlossenen einsamen Norden. Nur alle 50 oder 80 Kilometer taucht noch ein winziger Ort entlang des Yellowhead Highway auf. Ein paar Straßen im säuberlichen Geviert, einige Felder, denen die Pionierfarmen bei nur 120 frostfreien Tagen pro Jahr etwas Getreide und Gemüse abtrotzen.

Die boomenden Städte des Südens scheinen hier Welten entfernt, doch man hat Hoffnungen für die Zukunft. Eben erst wurde bei Smithers ein neues Revier zum Heli-Skiing erschlossen. Namenlose Berge, in denen alle Pulverträume der Urlauber aus Amerika und Europa wahr werden können. Der puderfeine Schnee lässt die Herzen der Tiefschneefahrer höher schlagen. Und mit Sicherheit werden hier schon bald die ersten Skifans die weißen Hänge testen. Spätestens dann, wenn die Olympiade nach Vancouver und Whistler kommt.

Reichlich Niederschläge lassen entlang der Westküste einen temperierten Regenwald gedeihen. Das von stacheligem »Devil's Club« durchsetzte Unterholz ist oft schier undurchdringlich.

25

Großes Bild:
Wer ist die Schönste im Land? Vancouver ist jung und dynamisch – und gesegnet mit einer herrlichen Lage am Meer. Vom Stanley Park aus spiegeln sich die Büro- und Apartmenttürme der Innenstadt im Burrard Inlet.

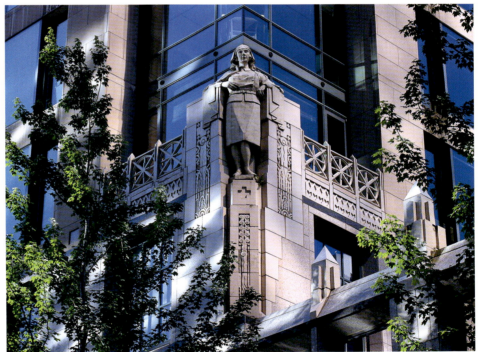

Kleine Bilder:
Kaum 120 Jahre alt ist Vancouver, doch die Stadt kann durchaus ein reizvolles Potpourri der Architekturstile bieten: Von dem mit Kupfer gedeckten Hotel Vancouver aus dem Jahr 1939 (oben) über historisierende Postmoderne (Mitte) hin zu dem wunderbar erhaltenen Art-Déco-Bau des Marine Building mit seiner Pyramidenspitze (unten).

Ein Schmuckstück der Altstadt von Vancouver: das vierzehnstöckige Dominion Building wurde 1910 erbaut und war damals mit 53 Metern Höhe das höchste Gebäude im ganzen Britischen Empire.

Vancouver gibt sich gerne als mondäne Weltstadt. Die eleganten Einkaufspassagen der Innenstadt werden dem Anspruch wohl gerecht.

Das Marine Building von 1929 am Hafen von Vancouver gilt als das schönste Art-Déco-Gebäude in Kanada und spiegelt sich dekorativ in den modernen Glastürmen. Von der abgestuften Pyramide auf dem Dach des 21-stöckigen Baus zu den prächtigen Ornamenten an Eingängen und im Foyer zeigt es die klassischen Stilformen der Zeit. Die Ornamente zeigen Motive aus dem Transportwesen und dem Ostasienhandel.

Großes Bild: Granville Island auf der Südseite der City: ein Fleckchen, das perfekt das legere Lebensgefühl Vancouvers verkörpert. Mit Blick auf die Skyline schmeckt der Lachs im Restaurant Bridges nochmal so gut.

Klamottenläden, Straßencafés und ein bunt gemixtes Publikum aus Ost und West: die Robson Street ist die geschäftige Schlagader der Innenstadt Vancouvers.

Sport zu Wasser, Sport zu Land – die auffallend junge Bevölkerung der City ist rund ums Jahr aktiv. Da ist es verdient, dass Vancouver den Zuschlag für die olympischen Winterspiele 2010 erhielt.

Schlaflos nicht nur in Seattle: Hausboote schwimmen auch vor Granville Island in Vancouver voll im Trend. Die dümpelnden Datschas sind begehrte Immobilien.

East meets West in der Chinatown von Vancouver. Die Dr. Sun Yat-sen Classical Chinese Gardens entsprechen exakt einem echten chinesischen Hofgarten. Für Besucher ein meditatives Refugium im Herzen der City.

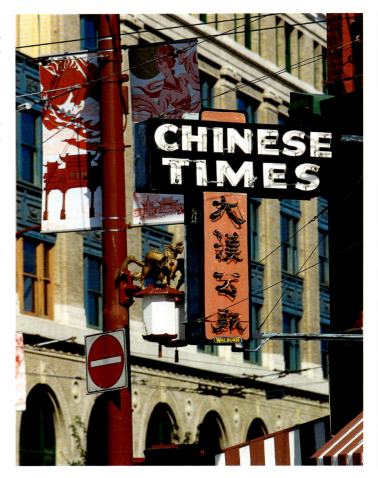

Rechts: Allein in den 1990er Jahren wanderten vor der Rückgabe Hongkongs an China rund 70 000 Chinesen nach Vancouver aus und stellen heute die wichtigste ethnische Gruppe der Stadt. Komplett mit eigenen Zeitungen, Radio- und Fernsehstationen.

Ganz rechts: Für die Stippvisite in Asien bieten die chinesischen Gemüsemärkte reichlich Exotik. Immerhin ist Vancouvers Chinatown nach San Francisco das zweitgrößte Chinesenviertel Nordamerikas.

Wenigstens die Kunsthandwerksläden an der Touristenmeile Water Street halten in Vancouver – zu ihrem finanziellen Vorteil – das Erbe der Ureinwohner in Ehren. Die aufwändig gearbeiteten Totempfähle und Schnitzereien kommen tatsächlich von indianischen Künstlern aus Orten im Hinterland.

Heißer Kaffee und etwas Ansprache tun Wunder: Für die im sozialen Stammesgeflecht aufgewachsenen Indianer ist ein Plausch manchmal überlebenswichtig. Das Indian Friendship Centre an der Hastings Street kümmert sich um Stadtindianer und gestrandete Existenzen.

Linke Seite: Kanadas Golden Gate Bridge: Seit 1938 verbindet die Lions Gate Bridge Vancouver City mit den Bergen und feinen Wohnvierteln im Norden. Zwar ist sie nur halb so groß wie San Franciscos berühmte Brücke, aber mit 472 Meter Spannweite immer noch sehr imposant.

Kulissen für Kreuzfahrer: 70 Meter über dem Wasser überspannt die Lions Gate Bridge den Eingang zum Hafen von Vancouver am Burrard Inlet. Reichlich Platz für die großen Pötte, die von hier zu Fahrten nach Alaska ablegen.

Canada Place, der fotogene Pier der Kreuzfahrer, wurde ursprünglich als Kanadas Pavillion für die Expo 1986 erbaut. Heute beherbergt Canada Place ein Luxushotel, ein großes Messezentrum und bietet Anlegeplatz für drei Kreuzfahrtschiffe zur selben Zeit.

Die English Bay begrenzt Vancouver im Westen. Am Wochenende tummelt sich hier Vancouvers bunte Szene und Straßenkünstler halten ihre Werke feil. Die Promenade am Wasser zieht sich fast komplett um die große Meeresbucht.

Ob Surfen oder Sonnenbaden an den Spanish Banks – vor der Kulisse der Coast Mountains wird Freizeit in Vancouver zum Genuss. Die Berge sind weit gehend unbesiedelt und in großen Provinzparks geschützt.

Zwar ist Vancouver als sehr regnerische Metropole verschrien, doch im Juli und August herrscht in der Regel stabiles Sommerwetter. Genug Sonne für lange Nachmittage am Strand der Spanish Banks.

Vom Stanley Park bis zum Gelände der University of British Columbia weit draußen auf einer Landzunge am Pazifik umrahmen Radwege die English Bay. Das Klima Vancouvers ist mild genug zum Radeln rund ums Jahr.

Seite 38/39: Keine vorgelagerten Inseln schützen die Westküste von Vancouver Island – was die wilde Schönheit des Botanical Beach bei Port Renfrew nur steigert. Vor allem im Herbst und Winter wird diese Küste zur Bühne rauer Elemente.

Je wilder die Wellen, umso reicher ist die Tier- und Pflanzenwelt an den Klippen. Am Flutsaum von Vargas Island im Clayoquot Sound – ein UNESCO-Biosphärenreservat – hängen dicke Trauben von Seesternen.

Großes Bild: Wal ahoi: Die Nordostseite von Vancouver Island um die Johnstone Strait ist das Ziel vieler Naturfreunde. In den Gewässern zwischen Festland und Insel lassen sich das ganze Jahr über Schwertwale beobachten.

Im Spätherbst und von März bis April sind vor der Westküste bei Tofino Grauwale zu beobachten. Mehr als 6000 Kilometer ziehen die bis 40 Tonnen schweren Giganten von Mexiko bis in die Beringsee – die längste Wanderung aller Säugetiere.

Ein lebendes Mosaik, das ständig neue Formen erfindet: Seeanemonen, Muscheln, Tang und Tausende mariner Kleinstlebewesen füllen die Gezeitentümpel der Inseln im Clayoquot Sound.

Nur geübte Skipper wagen sich in die grandiose, aber völlig menschenleere Region des Barkley Sound. Nicht von ungefähr heißt dieser Teil der Westküste auch »Grab des Pazifiks« – Dutzende von Wracks belegen es.

Fast 20 Kilometer lang ist Long Beach, der längste Strand an der Westküste von Vancouver Island und Teil des Pacific Rim National Park. Nichts zum Baden, aber schön für Strandwanderer und Muschelsammler.

Erst in den letzten zehn Jahren hat das Surfen im kalten Wasser von Long Beach an Popularität gewonnen. Die Wellen aber sind so gut, dass die Afficionados mittlerweile selbst aus Kalifornien anreisen.

Sea Kayaks sind die schönste Art, das Insellabyrinth des Clayoquot Sound bei Tofino zu erleben. Mit den wendigen Booten kommt man auch in kleinste Buchten und ganz nah an Robben, Otter und Wale heran.

Seite 44/45:
Wind und Wellen formten über Jahrhunderttausende die Klippen auf Gabriola Island, eines der vielen kleinen Eilande zwischen Vancouver Island und dem Festland. Ein Teil dieses Archipels wurde 2003 zum Gulf Islands National Park erklärt – Kanadas neuester Park.

Der Fischerhafen Ucluelet am Westrand des Barkley Sound: Für Besucher ist das Städtchen ein guter Ausgangspunkt für Touren in den Pacific Rim National Park und für Kajakfahrten zu den Broken Group Islands.

Fisch und Holz waren früher die wirtschaftlichen Standbeine des Örtchens Telegraph Cove im Norden von Vancouver Island. Heute ist es der Tourismus: Von hier legen die Sightseeingboote zur Walbeobachtung ab.

Ucluelet ist der drittgrößte Fischereihafen an der kanadischen Westküste. Die meisten der knapp 2000 Einwohner arbeiten auf den Fangbooten oder in der großen Fischfabrik des Ortes.

Alert Bay, die traditionelle Heimat des Kwagiulth-Stammes im Norden von Vancouver Island: Wie seit Urzeiten stellen die indianischen Fischer den Lachsen nach, heute allerdings vor allem für den Weiterverkauf.

Kleine Bilder: Wie ein riesenhaftes ‚Mikadospiel' türmt sich das Treibholz an den Stränden des Pacific Rim National Park auf Vancouver Island. Die Größe der Douglasien- und Cedar-Stämme lässt die Kraft der Winterwellen erahnen.

Großes Bild: Traumgestade am Pazifik: Umrahmt von Regenwäldern und Meer liegt das Wickaninnish Visitor Centre des Pacific Rim National Park am Südende des Long Beach. Strahlend blauer Himmel ist eher selten, aber umso mehr geschätzt.

Der Strathcona Provinzial Park ist eine riesige Gebirgswildnis, übersät mit ursprünglichen Seen und Tälern, Flüssen und Bächen. Am Südende des Buttle Lake stürzen die Wasser der Myra Falls in die Tiefe.

Als in Europa Richard Löwenherz auf Kreuzzug ging, waren diese Bäume kleine Sämlinge: Die ältesten Douglasien der Cathedral Grove im Süden von Vancouver Island sind 800 Jahre alt und bis zu 70 Meter hoch.

Das feuchte, sehr milde Klima der Westcoast fördert den Verfall. Alte Bauten, wie hier eine Brücke bei Port Renfrew, werden langsam wieder vom Regenwald verschluckt.

Nur die Indianer dürfen im Moricetown Canyon bei Hazelton nach altem Recht mit Speeren und Käschern fischen. Lachse spielten im Jahreszyklus der Westküstenindianer immer eine überragende Rolle.

Großes Bild: Renaissance einer Kultur: Die Kunst, seegängige Kanus zu bauen, war fast verloren gegangen. Seit einigen Jahren werden die Großkanus wieder geschnitzt und treten wie in Deep Cove bei Paraden auf – für viele junge Indianer ein Anlass für Stolz auf ihre reiche Kultur.

Meist sind es wie bei den Chilcotin-Indianern im Nemiah Valley die älteren Frauen, die zu Bewahrern der Traditionen wurden. Alkohol und Unfälle haben nur zu oft die Männer des Stammes aus dieser Rolle gerissen.

Vorrat für den Winter: Sockeye-Lachse sind eine der fünf Salmarten, die an der Pazifikküste Kanadas vorkommen. In der Chilco-Region werden sie nach indianischer Art erst getrocknet und dann über Pappelholz geräuchert.

Totempfähle – Heraldik in Holz

*Mitte:
Schnitzwerk für Schnappschüsse: Im Stanley Park Vancouvers bietet eine Gruppe »Totempoies« ein beliebtes Fotomotiv. Die Pfähle sind authentisch und wurden aus verschiedenen Regionen der Küste zusammengetragen.*

*Unten:
Die mit Pflanzenfarben bunt bemalten Totempfähle, die heute im Museum of Anthropology der Universität in Vancouver stehen, waren einst Symbole für Macht und Reichtum der Stämme.*

*Rechts:
Virtuose Schnitzkunst im Museumsdorf 'Ksan: Die renommierte Schule für Holzschnitzer hat in den letzten 20 Jahren eine junge Generation von indianischen Künstlern geboren.*

Kunterbunt sieht es aus im Keller der alten Schule: Holzspäne am Boden, bunte Masken an den Wänden, Hobel und anderes Werkzeug überall. Sechs oder sieben Männer, der Holzschnitzer Bruce Alfred und seine Freunde, sitzen im Halbrund an Werkbänken oder auf Scheiten am Boden, feilen und bosseln an großen Holzstücken. Es wird geplaudert, geprahlt, gescherzt, Gelächter klingt auf, Witze fliegen durch den Raum, nicht alle jugendfrei – doch in der Werkstatt sind nur Männer, daran hat sich seit früher nichts geändert. Dies ist die Schnitzwerkstatt des Kwakiutl-Ortes Alert Bay im Norden von Vancouver Island. Und so wie heute um den gut 50-jährigen Bruce saßen wohl früher die Carver um einen Lehrmeister und schnitzten seltsam stilisierte Fratzen und Symbole in große Baumstämme – so entstanden die berühmten Totempfähle.

Die ersten weißen Entdecker, britische Seeleute, die Ende des 18. Jahrhunderts in die Dörfer der Nootka, Haida und Kwakiutl kamen, müssen reichlich erstaunt gewesen sein: bunt bemalte, geschnitzte Figuren auf allen Häuserfronten und auf zehn Meter hohen Pfählen überall in den Orten. Wie kein anderes Volk in Nordamerika hatten die Stämme der Nordwestküste die Schnitzkunst zu höchster Vollendung gebracht. Die Voraussetzungen waren ideal: Hohe Bergzüge schirmten die Küste vor Schnee und kalten Wintern ab – und vor feindlichen Stämmen, so dass die Westküstenindianer in relativem Frieden leben konnten. Die überreiche Natur des Küstensaumes bot ihnen dazu reichlich Lachse und Muscheln. Der tägliche Lebensunterhalt erforderte wenig Aufwand und die Schnitzer hatten Muße, oft monatelang an einem Kunstwerk zu arbeiten. Und die Natur gab den Indianern die »cedars«, jene riesigen Thujen, Lebensbäume, deren Holz leicht zu bearbeiten ist. Mit Hilfe von einfachsten Mitteln, mit Obsidian-Messern, Feuer, Dampf und Steinwerkzeugen, fertigten die Schnitzer detailreich gearbeitete Truhen und Kisten, Schamanenrasseln, Ritualmasken, Schmuck und Waffen.

Prestigesymbole und Mythenbewahrer

Die größten und spektakulärsten Zeugen ihrer Kunst aber waren die Totempfähle. Sie waren allerdings keine Götzenbilder, wie die weißen Missionare früher dachten, sondern dienten als Familienwappen und Prestigesymbole eines Stammes, waren Mythenbewahrer und Chroniken der Clangeschichte. Bestimmte Formen lassen sich mit etwas Fantasie ausmachen, selbst wenn eine Tiergestalt auf einem Pfahl oft nur aus stilisierten Teilen besteht: Den Bär erkennt man an seinem breiten Maul, den vielen Zähnen und der heraushängenden Zunge. Zwei Nagezähne und ein breiter, schraffierter Schwanz verweisen auf den Biber. Eine große Flosse kennzeichnet den Killerwal.

Auch Wolf, Lachs oder Frosch sind meist einfach zu erkennen. An der Spitze eines Pfahles war das Totemtier des jeweiligen Clans dargestellt: meist Wolf oder Rabe. Die stark stilisierten Menschen, Fabelwesen und Tiere darunter erzählen von mythischen Helden, von Völkerwanderungen, Sintfluten, Kriegen oder wichtigen Ereignissen im Stammesleben.

Mächtige Häuptlinge oder Sippen ließen von den besten Schnitzern bis zu 15 Meter hohe Pfähle anfertigen, um ihren Reichtum zu zeigen. Geprahlt wurde bei den Stämmen der Nordwestküste gerne. Das Aufstellen eines Pfahles war immer zugleich Anlass für ein großes Fest, ein »potlatch«, bei dem tagelang gegessen und getanzt wurde. Gäste von anderen Stämmen wurden eingeladen und reich beschenkt. Manche Familien verschuldeten sich auf Jahre für solch ein Potlatch, doch das gewonnene Prestige war unbezahlbar.

Die Blütezeit der Schnitzkunst begann um 1840, nachdem die Indianer im Tausch gegen Pelze Eisenwerkzeuge von den weißen Händlern bekommen hatten. Nun konnten die Pfähle noch schöner und noch größer geschnitzt werden. Doch bald begann der Niedergang: Pocken und andere eingeschleppte Seuchen rafften ganze Stämme dahin, weiße Missionare brachten die neue Weltordnung eines offenbar stärkeren Gottes zu den Indianern. Für die eifernden Prediger waren die Totempfähle Götzenbilder und die Potlatches nichts als unmoralischer Müßiggang. 1921 verbot die kanadische Regierung sogar auf Betreiben der weißen Gottesmänner alle Potlatches. Ein Großteil der Masken für die Zeremonien wurde konfisziert und in die Museen von Ottawa und Toronto abtransportiert. Die Totempfähle wurden dem Verfall preisgegeben.

Bevor jedoch die Schnitzkunst völlig in Vergessenheit geriet, setzte während der letzten Jahrzehnte eine Renaissance ein. In Orten wie Alert Bay oder Hazelton wurden alte Pfähle restauriert, Schnitzschulen entstanden, und im Zuge eines neuen Selbstbewusstseins in der kanadischen Urbevölkerung werden heute wieder Potlatches gehalten. Auf politischen Druck hin wurden sogar die konfiszierten Masken aus den Museen im Osten zurückgegeben. Diese »Potlatch Collection«, hälftig geteilt zwischen zwei Stammes-Sippen, ist heute Herzstück der Sammlungen in den Reservatsmuseen von Cape Mudge bei Campbell River und Alert Bay. Ein spektakuläres Familienerbe, das für die jungen Schnitzer im Keller der Schule ein gewaltiger Ansporn ist.

Links:
Das Museum of Civilisation in Ottawa, das wichtigste Kulturmuseum Kanadas, besitzt eine der schönsten Sammlungen von Totempfählen. Der Museumsbau selbst wurde von Douglas Cardinal, einem indianischen Architekten, gestaltet.

Unten:
Das Museum of Anthropology der Universität in Vancouver bewahrt eine überwältigende Vielfalt der großartigen Schnitzkunst der Nordwestküsten-Indianer.

Oben:
Totempfähle konnten auch Menschen porträtieren – oder sie lächerlich machen: Ein Beispiel aus 'Ksan im Norden von British Columbia zeigt einen englischen Händler mit Perücke.

Blitzblank und technisch perfekt: Die Burrowing Owl Winery bei Osoyoos ist nur eine der vielen neuen Kellereien im Okanagan Valley. 1997 fuhren sie ihre erste Rebenernte ein und seitdem auch zahlreiche Preise bei internationalen Verkostungen.

Großes Bild:
Kräftige Kontraste: Während nur 200 Kilometer weiter westlich Regenwald wuchert, gedeihen im heißen Steppenklima um den Osoyoos Lake im Süden von British Columbia Wein, Aprikosen – und Kakteen.

Kaum 25 Jahre jung ist die Weinindustrie des Okanagan-Tals. Heute keltern bereits mehr als 50 Kellereien den edlen Saft: Pinot Gris und Blanc, Chardonnay, Merlot, Syrah und Pinot Noir zählen zu den wichtigsten Sorten.

Neben Wein werden im Süden des gut 150 Kilometer langen Okanagan Valley vor allem Pfirsiche, Kirschen und Aprikosen angebaut – was dem Tal den Spitznamen »Obstgarten« Kanadas eingebracht hat.

Kanadas Rimini: mit großen, warmen Seen wie dem Osoyoos Lake ist das Okanagan Valley ein beliebtes Sommerziel für kanadische Familien. Bis Juli heizen sich die Seen oft auf 22 bis 24 Grad auf.

Kaum zu glauben im sonst so grünen Kanada: Im extrem heißen Süden des Okanagan-Tals entstanden über die Jahre sogar Salzseen. Bis zum Herbst ist die bittere Brühe längst verdunstet und zur Salzkruste erstarrt.

Um die Seen ist es noch grün, doch im Hinterland des Okanagan Valley wird das aride Klima deutlich. Die Vegetation beschränkt sich auf genügsame Kiefern, Salbei und andere Wüstensträucher.

Das Städtchen Osoyoos am gleichnamigen See zählt zu den modernen Boomtowns in Kanada. Obst- und Weinbauern, sonnenhungrige Senioren, Zuzügler von der regnerischen Küste – alle wollen hier siedeln.

Seite 60/61:
Die Pionierzeit hinterließ fotogene Spuren: In der Kootenay-Region am Westrand der Rocky Mountains siedelten früher Farmer. Doch das Klima war zu rau, die Region zu abgelegen, die Winter zu hart.

Wie aus einem Westernfilm: Fort Steele bei Cranbrook entstand durch einen kleinen Goldboom im Jahr 1864 und verfiel später zur Geisterstadt. Seit 1961 ist der ganze Ort ein Provinzpark und Freiluftmuseum.

Ford Steele ist eine wiederbelebte Ghost Town, ein Freilichtmuseum, das einen die Pionierzeit hautnah erleben lässt. Eine besonaere Attraktion ist der stilechte Tante-Emma-Laden.

Alpine Wiesen, weite Blicke: der Idaho Peak bei New Denver lockt im Sommer mit vielen Wildblumen. Weiteres Plus: Der 2280 Meter hohe Gipfel ist über einen einstündigen Wanderpfad gut zu erreichen.

Silber, Zink und Blei wurden vor 120 Jahren in den reichen Gruben um Nelson abgebaut. Heute ist das Städtchen mit seinen prächtig restaurierten viktorianischen Häusern eine Künstler-Enklave.

Seite 64/65: Herbst im Nicola Valley, einem klassischen Ranchgebiet: Pferde gehören im Landesinneren von British Columbia noch heute zum alltäglichen Bild. Vor allem auf den kleineren Ranches arbeiten die Cowboys traditionell.

Cowboy-Alltag auf der Douglas Lake Ranch südlich von Kamloops: 22 000 Rinder wollen gehütet werden – und einige davon laufen immer in die falsche Richtung.

Großes Bild: Viehtrieb auf der Douglas Lake Ranch, mit gut 500 000 Hektar Fläche Kanadas größte Ranch: Wie zu Wildwesttagen werden die Rinder auch heutzutage zwischen Sommer- und Winterweiden hin und her getrieben.

Faszination Wildwest: Joe Martin aus Williams Lake posiert stolz mit seiner Western-Kollektion. Dabei ist die Pionierzeit im Westen Kanadas gar nicht lange her – viele Sammlerstücke sind kaum 50 Jahre alt.

Die 15 hauptberuflichen Cowboys der Douglas Lake Ranch müssen mehr können als nur auf Kühe aufpassen: Pferdehufe werden beschlagen, Zäune repariert und vieles mehr.

Rodeo-Time in Williams Lake: Bullenreiten ist neben dem Reiten wilder Mustangs ohne Sattel und Zaumzeug die wichtigste und spektakulärste Wettkampfdisziplin. Ein Sport, bei dem es oft auch schwere Verletzungen gibt.

Achtung und los: Zum Bronco-Reiten ohne Zaumzeug und Steigbügel gehört viel Mut. Das Preisgeld von 300 Dollar beim Sugar Cane Indian Rodeo in Williams Lake allein kann es nicht sein – die Ehre ist noch wichtiger.

Zum kanadischen Nationalfeiertag präsentieren sich die Reiter stolz bei der Williams Lake Stampede. Das größte Rodeo in British Columbia findet alljährlich zum Canada Day am 1. Juli statt.

»Bull wrestling« ist kein Sport für Anfänger: bei dieser Rodeo-Disziplin muss der Cowboy vom galoppierenden Pferd aus einen Jungbullen bei den Hörnern packen und ihn dann zu Boden ringen.

Großes Bild:
Die schwer beladenen Holz-Trucks brettern über die Schotterpisten der Coast Mountains um Squamish als gehörten ihnen die Straßen. Tun sie auch. Wie fast überall in Kanada wurden die Pisten ins Hinterland von Forstfirmen gebaut.

Kleine Bilder:
Fast 300 000 Menschen leben in British Columbia von der Forstindustrie. Das beste Holz wächst an der feuchten Pazifikküste. Am Festland bei Squamish holen große Trucks die Stämme aus den Bergen, auf Vancouver Island wird es in Flößen aus den Fjorden zu Sortieranlagen wie in Beaver Cove gezogen.

Kanu fahren, Wandern, Angeln – Ferienanlagen wie das im Blockhausstil erbaute Tyax Resort hoch in den Coast Mountains bei Goldbridge lassen die Gäste aus der Stadt a'len Stress vergessen.

Kein Haus in Sicht: Um den Downton Lake bei Goldbridge gäbe es noch reichlich Baugrundstücke mit Seeblick. Doch lediglich der äußerste Süden der Coast Mountains ist zumindest im Ansatz erschlossen.

Das alte Goldgräberstädtchen Atlin im äußersten Nordwesten von British Columbia hat sich noch viel Pioniercharme bewahrt. Noch heute schürfen einige Dutzend Goldsucher in der Umgebung.

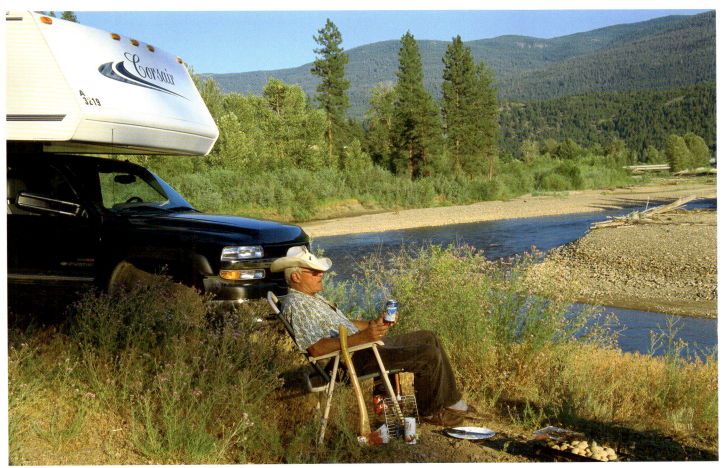

Besucher, aber auch die Kanadier selbst genießen es, im Wohnmobil das weite Land zu erkunden und den Tag an einem stillen Fluss, wie hier am Coldwater River bei Merrit in British Columbia, ausklingen zu lassen.

Großes Bild:
Ein Relikt der letzten Eiszeit: Das rund 1800 Quadratkilometer große Juneau Icefield bei Atlin schickt seine Gletscher die Chilcoot Range hinab. Ein Teil des Eises fließt vom Grat der Berge westwärts nach Alaska.

Kleine Bilder:
Alles im Fluss: Mächtige Eiszungen und tosende Bergbäche sind die Hauptkräfte, die die geologisch jungen Coast Mountains bis heute formen. Bei Stewart im Norden schürfen die Eismassen des Cambria Icefield und der Salmon Gletscher in steter Bewegung neue Täler aus.

Linke Seite:
Fluss ohne Wiederkehr: Allein der Name des Farewell Canyon am Chilcotin River bei Hanceville bedeutete für die Pioniere von einst nichts Gutes. Heute sind die wilden Flüsse British Columbias beliebte Rafting-Reviere.

Bei Lillooett bricht der mächtige Fraser River durch die Coast Mountains. Der größte Strom British Columbias, 1368 Kilometer lang, entwässert ein Gebiet von 233 000 Quadratkilometern – zwei Drittel der Größe Deutschlands.

Auch der Kamloops Lake gehört zum Flusssystem des Fraser River. Das Seeufer bietet der Trans-Kanada Bahnlinie einen steigungsfreien Verlauf – so können die Loks mühelos 100 Waggons und mehr ziehen.

Kleine Bilder: Temperaturen von minus 40 Grad gehören im Norden von British Columbia um Chetwynd jeden Winter dazu. Da kann in Dawson Creek (Mitte) auch die Multimedia-Show über Alaska keine kälteren Impressionen mehr bieten.

Großes Bild: Dawson Creek, der Startpunkt des Alaska Highway. Zur Weihnachtszeit Ende Dezember gibt es hier auf dem 56. Breitengrad nur fünf Stunden Tageslicht. Schnee liegt meist bis in den Mai.

Rocky Mountains – Das Dach des Kontinents

Lake O'Hara im Yoho National Park: Der Postkartensee liegt fast direkt am Grat der Rocky Mountains. Die kleine Blockhütten-Lodge stammt noch aus Anfangstagen des Nationalparks vor 80 Jahren.

Rocky Mountains – Das Dach des Kontinents

Unendlich weit schweift der Blick vom Bow Pass über die Berge des Banff National Park. Tief unten liegt Peyto Lake, milchig-türkis und wie gemalt. Darüber staffeln sich felsige Grate und vergletscherte Gipfel in die Ferne. Wie ein dichter Teppich überziehen Kiefern- und Pappelwälder die Talsohlen. Das graue Band des Highway dazwischen mit entfernt summenden Autos ist das einzige Zeichen der Zivilisation. Nach Westen hin grenzt mit weiteren Bergen und Eisfeldern der Yoho National Park an. Yoho bedeutet »herrlich« in der Sprache der Cree-Indianer. Das rechte Wort für die dramatischen Wasserfälle und zerklüfteten Täler dieser Region. Es ist nicht schwer, der Magie dieser Berge zu verfallen: Wenn man von Osten kommt, steigen sie im Frühjahr wie eine schneeweiße Vision aus der lichtgrünen Prärie auf. Im Hochsommer überzieht ein bunter Blütenteppich die alpinen Wiesen, im Herbst lodern die Laubwälder an ihren Flanken in feurigem Orange. Und im Winter, wenn der Schnee alle Farben überdeckt, ragen die Felsplatten wie riesige Eisschollen in den Himmel, eingefroren in der Zeit. Ein grandioses Spektakel, ein würdiges Rückgrat des Kontinents.

Die Rocky Mountains gehören zu den amerikanischen Kordilleren, jenem breiten Band von Gebirgen, das sich von Alaska bis Feuerland zieht. In Nordamerika sind die noch jungen Rockies der östlichste und größte Strang dieser tektonischen Verwerfung. Erst in den letzten 60 Millionen Jahren, während die nordamerikanische Festlandplatte mit der Pazifischen Platte kollidierte, hoben sich die Schiefer-, Kalk- und Sandsteinschichten aus der urzeitlichen Ebene, hochgepresst und aufgefaltet von gewaltigen Kräften im Erdmantel. Wie aufgeworfene Ackerschollen hinter dem Pflug sehen sie manchmal aus, etwa am Mount Rundle bei Banff oder im Waterton Lakes National Park.

Dreifache Wasserscheide

Die Kräfte, die den Bergen ihre heutige Form gaben, kamen später, viel später. Vier Eiszeiten formten in den letzten 600 000 Jahren die Rockies. Die Gletscher schliffen mächtige U-Täler ins wei-

Eisiger Elch: Am Lake Louise verschönern detailreich geschnitzte Skulpturen aus Eis das Wintererlebnis. Wettbewerbe im Eisschnitzen gehören in Kanada vielerorts zu den Winterfesten.

che Sedimentgestein, hinterließen Moränenhügel und milchig-grüne Restseen. Bis heute blieben Relikte der letzten Eiszeit erhalten wie das über 300 Quadratkilometer große Columbia Icefield, das auf fast 3000 Meter Höhe den Grat der Rockies überdeckt. Sogar eine dreifache Wasserscheide liegt dort oben auf dem Dach des Kontinents. Die Gletscher des Eisfeldes senden ihre Schmelzwasser in alle drei Ozeane, die Kanada umgeben: über den Columbia River in den Pazifik, über den Athabasca River ins Eismeer und über den Saskatchewan River in die fast 4000 Kilometer entfernte Hudson Bay, also in den Atlantik.

Wie die Alpen sind die Rocky Mountains die größte Bergkette ihres Kontinents. Doch das Schicksal, rundum erschlossen und verbaut zu werden, blieb den Rockies erspart. Die Indianer nutzten die Bergtäler einst nur als sommerliche Jagdgründe. Und für die weißen Siedler waren die Rockies eher Barriere denn nutzbare Landschaft. Schon früh und in für die damalige Zeit wirklich seltener Voraussicht stellte zudem die kanadische Regierung große Teile der Bergwelt unter Schutz. »Zum Wohle, Vorteil und Vergnügen der Bevölkerung Kanadas« wurde im Jahr 1885 Banff zum ersten Nationalpark Kanadas erklärt. Bahnarbeiter, die nahe dem heutigen Ort Banff heiße Quellen entdeckt hatten, brachten den Stein ins Rollen. Sie zeigten Geschäftssinn, wollten ihren Fund mit Eintrittspreisen versilbern – und gerieten bald in Streit um die Besitzrechte. Die kanadische Regierung schritt ein und beschloss, die Quellen samt der umliegenden Naturlandschaft als nationales Erbe unter Schutz zu stellen, sie »unverändert den zukünftigen Generationen zu hinterlassen«.

Bald folgten weitere Parks: Yoho, Waterton Lakes, Jasper und schließlich Kootenay. Zusammen bilden sie heute im Herzen der kanadischen Rocky Mountains ein unvergleichliches Naturparadies, das sogar von der UNESCO als »Erbe der Menschheit« geehrt wurde. Ein Refugium für Wölfe und Grizzlies, für Wildblumen, Farne und Flechten, die anderswo längst von der Zivilisation vertrieben wurden. Damit dies so bleibt, versuchen die Park-Wardens den Besucherstrom zu bündeln. Das Städtchen Banff etwa, das »Garmisch der Rockies«, ist gnadenlos überlaufen: Halb Tokio ist vertreten und dazu New York und Toronto, Paderborn und Peking. Zum Glück sind die meisten Besucher zufrieden, beim Kaffeetrinken in Banff auf die Berge zu blicken. Das schont das Hinterland. Nur wer sich zu Tagestouren oder mit Zelt und Rucksack aufmacht, wird die Berge in all ihrer Pracht erleben.

Eine Fahrt auf dem Icefields Parkway, der berühmten Gletscherstraße der Rockies, darf sich niemand entgehen lassen. Eine Panoramastrecke von fast 250 Kilometern Länge mit immer neuen Ausblicken auf grandiose Felszinnen, auf glitzernde Seen und gewaltige Gletschertäler. Zur Hochsaison im Sommer herrscht reger Verkehr – mit kleinen Staus, wenn sich ein Rudel Wapiti-Hirsche, einige Bergziegen oder ein Bär am Highway blicken lassen. Doch schon auf den kurzen Trails abseits der Straße verklingt der Verkehr bald im Murmeln eines Baches, und die Rockies zeigen sich so, wie es die Gründer der Nationalparks vor 120 Jahren wollten: als Natur im Urzustand.

*Links:
Wie ein gewaltiger steinerner Wall legen sich die Rocky Mountains von Nord nach Süd rund 3000 Kilometer weit durch Kanada und die USA. Der Nordteil des Bergstranges bei Jasper ist praktisch völlig menschenleer.*

83

*Großes Bild:
Der Moraine Lake im Banff National Park ist wie der benachbarte Lake Louise ein Gletschersee. Die Kanadier kennen diese Ansicht des »Tales der zehn Gipfel« gut – bis vor wenigen Jahren war der Moraine Lake auf ihren 20-Dollar-Scheinen abgebildet.*

*Kleine Bilder:
Mehrere Lebenszonen erstrecken sich zwischen Pazifik und Rocky Mountains: Weißkopfseeadler leben vor allem im Küstensaum und auf den Inseln am Meer, auf den Bergwiesen von Sunshine Meadows im Banff National Park gedeiht im Juli und August artenreiche alpine Flora.*

Linke Seite: Die Kaskaden der Takakkaw Falls im Yoho National Park scheinen geradewegs aus dem Himmel zu stürzen. Doch die zweithöchsten Fälle Kanadas nehmen ihr eisiges Wasser aus dem Wapta-Eisfeld, das auf einem Hochplateau darüber liegt.

Ein Garmisch in den Rockies: Das Städtchen Banff ist das touristische Epizentrum des gleichnamigen Nationalparks. Komplett mit Postkartenläden und original japanischen Sushi-Bars. Doch die Zivilisation endet am Ortsrand.

Die grandiose Bergwelt des Banff-Parks offenbart sich am besten bei Touren ins Hinterland: auf Wandertouren um Herbert Lake etwa und über die Sunshine Meadows, oder bei einer Kanufahrt auf dem Bow River.

Fairmont-Hotels – Betten mit Blick

William van Horne, der bekannt tatkräftige und trinkfeste Manager der Canadian Pacific Railway, sagte gerne deutlich, was er wollte. Und eines seiner Ziele war, seine Bahnlinie auszulasten – nicht nur mit Fracht, sondern auch mit Touristen. Das Potential war gegeben, die Landschaften des kanadischen Westens, die grandiose Bergwelt der Rocky Mountains und die wilde Pazifikküste, konnten bestimmt die Leute begeistern. »Wenn wir die Landschaft nicht exportieren können, dann müssen wir eben die Touristen importieren«, so lautete van Hornes Motto, und so begann die kanadische Bahngesellschaft mit dem Bau von Hotels.

Das Hotel Vancouver, erst jüngst wieder zu altem Glanz restauriert, bewahrt das elegante Flair der 30er Jahre. Heute wie damals ist das Hotel die gesellschaftliche Bühne der Westküstenmetropole.

Es war das Jahr 1885, und die Canadian Pacific Railway hatte in kaum fünf Jahren Bauzeit die erste Schienenverbindung quer durch Kanada fertig gestellt. Noch war der weite Westen des Landes eine weglose Wildnis, und die fünf Tage dauernde Reise von Montréal zum Pazifik ein Abenteuerfahrt in fast menschenleere Regionen. Noch überquerte keine Straße die Rocky Mountains, und heutige Metropolen wie Vancouver waren noch gar nicht gegründet.

Nach der gewaltigen Kraftanstrengung des Bahnbaus steckte die Canadian Pacific Railway jedoch tief in den roten Zahlen. So war es William van Hornes Idee, neben Fracht und Immigranten auch Besucher auf die Schienen zu bringen. Doch dazu waren nicht nur komfortable Salonwagen nötig, sondern ebenso Hotels entlang der Strecke, wo die erlauchten Gäste verweilen konnten – und ein touristisches Image von Westkanada, das Besucher anziehen würde.

Ein Kurort mitten in der Wildnis

Schon ein Jahr später, 1886, eröffneten die ersten drei Hotels: einfache, schindelgedeckte Bauten im Stil Schweizer Chalets. Zugleich begann van Horne mit dem ersten Großprojekt, dem Bau des heute berühmten Banff Springs Hotels. Einige Jahre zuvor hatten Bahnarbeiter tief im Herzen der Rockies heiße Quellen entdeckt, und die kanadische Regierung stellte 1885 die »Banff« genannte Region unter Naturschutz – die Geburt von Kanadas erstem Nationalpark. Nach van Hornes Willen sollte nun hier inmitten der atemberaubenden Hochgebirgslandschaft der kanadischen Rockies ein Kurort entstehen. Ein Baden-Baden in der Wildnis.

Als Baumeister verpflichtete van Horne den New Yorker Architekten Bruce Price, der den heute für Kanada typischen Château-Stil entwickelte. Mittelalterlich-gotische Bögen und hohe Fenster, trutzige Türme und steile Giebel mit kupfergedeckten Dächern wurden zu Wahrzeichen der frühen Hotelarchitektur in Kanada. Dazu kamen Elemente von Loire-Schlössern des 16. Jahrhunderts – romantisch und verwunschen. Doch zu französisch durfte die Architektur nicht werden, denn das anvisierte Klientel waren reiche, aristokratische Engländer. So ernannte man die Bauart flugs zum »schottischen Burgstil« – und bis heute tragen die Portiers und Kofferboys im Banff Springs Hotel karierte Kilts.

Weitere Château-Hotels folgten bald nach: 1890 wurde das Château Lake Louise an einem der schönsten Bergseen im Banff National Park errichtet, 1893 das trutzige Château Frontenac in Québec City, 1908 das Empress Hotel in Victoria und 1939 das Hotel Vancouver am westlichen Terminus der Canadian Pacific Railroad. Sie alle sind heute Wahrzeichen in der kanadischen Landschaft und denkmalgeschützte Bauten in den Metropolen.

Mitte: Ein kanadischer Klassiker: Das Banff Springs Hotel wurde bereits 1888 als erstes Hotel der Bahngesellschaft Canadian Pacific in den Rockies erbaut. Wie ein schottisches Schloss thront das Hotel über dem Bow River.

Zugleich begann die Bahngesellschaft am Sightseeing-Image Kanadas zu feilen. Schweizer Bergführer aus Interlaken wurden engagiert, um betuchte Sommerfrischler auf die Gletscher und Gipfel der Rocky Mountains zu führen. Fotografen wie William McFarlane Notman und Alexander Henderson, Zeichner und Maler reisten auf Einladung von William van Horne nach Westen, um die erhabene Bergwelt der Rockies – und natürlich die Hotels der CPR – künstlerisch festzuhalten. Von ihren Werken druckte die Bahngesellschaft Broschüren, Fotobände und Plakate, die über Jahrzehnte das Bild vom Reisen in Kanada formten – und deren Originale heute zu Liebhaberpreisen gehandelt werden.

Das Geschäft mit dem Urlaub entwickelte sich im 20. Jahrhundert zur lukrativen Industrie – und die CP-Hotels wuchsen mit. Könige aus der Alten Welt und reiche Industrielle aus der Neuen wohnten in den luxuriösen Schlosshotels an den schönsten Stellen des Landes. Später kamen Filmstars (Marilyn Monroe schlief im Banff Springs Hotel während der Dreharbeiten zum »Fluss ohne Wiederkehr«) und schließlich auch die japanischen, amerikanischen, britischen und deutschen Pauschaltouristen.

Die kanadische Bahn hat die Jahre nicht so gut überstanden, wohl aber die Hotels. Die mittlerweile als eigene Gesellschaft geführten und prächtig renovierten Häuser haben sich vom Anhängsel der Bahn zur größten Hotelgesellschaft Kanadas gemausert. Als 1999 noch die Fairmont-Kette aus den USA dazu gekauft wurde, übernahm man deren renommierten Namen. Die Häuser in Banff und Lake Louise wurden zu Fairmont Hotels – im Inneren der trutzigen Burgen aber weht noch der Geist William van Hornes, der den wilden schönen Westen Kanadas den Besuchern zugänglicher machen wollte.

Links:
Stilvoll für Lords und Ladies: Zur Jahrhundertwende reisten britischer Adel und amerikanische Industrielle per Bahn in die Rocky Mountains und verbrachten dann im Banff Springs Hotel einige Wochen oder gar Monate.

Unten:
Gourmet-Genüsse in der Wildnis: Nach einem Tag in der Bergeinsamkeit erwartet die Wanderer im historischen Speisesaal des Grandhotels Château Lake Louise ein opulentes Buffet.

89

Heli-Skiing heißt der Traum vieler Skifahrer im engen Europa. Die Selkirk Mountains bei Golden am Westhang der Rockies sind eines der besten Wedelreviere für den Tiefschneetraum in Weiß.

Es muss nicht immer Heli-Skiing sein: Skigebiete wie diese bei Lake Louise im Banff National Park bieten gut präparierte Pisten. Und die oft extreme Winterkälte sorgt in den Rocky Mountains überall für puderfeinen Pulverschnee.

Der Schnee der Rockies ist tatsächlich lockerer und trockener als in Europa – die Wissenschaft hat es bewiesen. Während Schnee in den Alpen 60 bis 70 Prozent Feuchtigkeit enthält, sind es in Sunshine Meadows oft nur 10 bis 20 Prozent.

Kanadas jüngstes Skigebiet: das Kicking Horse Resort eröffnete im Winter 2001. Derzeit wird noch ausgebaut, doch die ersten Lifte laufen und auch das Bergrestaurant ist offen.

Rechts: Nationalparks sind auch im Winter geöffnet: Johnstone Canyon nördlich von Banff ist wie eine Reihe weiterer vereister Schluchten ein Dorado für Eiskletterer.

Ganz rechts: Hundeschlitten hatten die Indianer der Rockies-Region nie. Diese Tradition kommt aus dem hohen Norden Kanadas – und hat sich im Banff National Park gut bewährt. Motorschlitten sind hier verboten.

Fahrt in brodelndem Wasser: Rafting auf dem Sunwapta River im Jasper National Park ist eine aufregende Sache.

Trotz Schnee und Eis ein Sommerausflug: spezielle Busse mit großen Schneereifen transportieren am Athabasca Glacier im Jasper National Park Besucher aufs Gletschereis.

Eishockey ist die Passion der Kanadier. Was Wunder also, dass selbst auf dem Lake Louise im Winter eine Hockeyfläche abgesteckt wird.

Die Eiskünstler am Lake Louise müssen die ganze Wintersaison nicht um ihr Schloss fürchten. Von November bis April bleiben die Temperaturen in den zentralen Rockies beständig unter Null Grad.

Christmas im Winterwunderland: Das Post Hotel im Ort Lake Louise lädt zur Weihnacht. Skifahrer finden gleich nebenan das größte Pistenrevier der kanadischen Rockies.

Der Bahnbau der Canadian Pacific Railway entlang des Bow River löste vor 120 Jahren die Gründung des Banff National Park aus: Für alle Zeiten sollte die Schönheit der Natur in den Bergen für die Nachwelt erhalten werden.

Wintersport am Lake Louise: Langlaufskier oder Schneeschuhe sind die einzige Möglichkeit im Winter in den Nationalparks auf eigene Faust ins Hinterland vorzudringen.

Linke Seite:
Nicht weit von seiner Quelle im Columbia Icefield stürzt der Athabasca River im Jasper National Park über die Athabasca Falls. Rund 3000 Kilometer muss dieses Wasser noch fließen, ehe es über den Mackenzie River das Eismeer erreicht.

Der Icefields Parkway, Traumstraße der Rocky Mountains: Der Bau des Highway war in den 1930er Jahren während der Weltwirtschaftskrise ein Arbeitsbeschaffungsprojekt der kanadischen Regierung.

Im Hochland des Jasper National Park zeugen, wie hier am Mount Edith Cavell, mächtige Moränen von der Macht der Gletscher. Die meisten Eisflächen der zentralen Rockies sind jedoch in den letzten hundert Jahren stark geschmolzen.

Seite 98/99:
Kanadas beliebtestes Postkarten-Panorama: der Blick auf Spirit Island ist der Höhepunkt jeder Bootstour auf dem Maligne Lake im Jasper National Park. Schöner kann keine Bildtapete sein.

Arktis – Land am Rande der Welt

Inseln aus Eis: Gewaltige Eisberge sitzen monatelang im Packeis vor Baffin Island fest, ehe sie im folgenden Frühjahr weiter gen Süden treiben. Mit rund 1600 Kilometern Länge ist Baffin die größte Insel Kanadas.

ARKTIS – LAND AM RANDE DER WELT

Abendstimmung am Ufer des Yukon River in Dawson City. Breit und braun wälzt sich der Strom zwischen rund geschliffenen Hügeln dahin, trägt Gletschermehl aus den Kluane Mountains zur Beringsee in Alaska. Die Sonne steht noch hoch. Es ist Juni, Mittsommerzeit. Grüne Bergkämme, spärlich bewachsen von Tundragras und dünnen, nordischen Engelmann-Fichten, umrahmen das weite Tal. Keine Brücke verbindet hier die beiden gut 100 Meter von einander entfernten Ufer, und bis zur mehr als 2000 Kilometer entfernten Mündung des Flusses wird es auch keine Brücke mehr geben. Nur Wildnis, unvorstellbar weit und einsam. Höchstens alle paar hundert Kilometer ein Indianerdorf oder ein Trappercamp. Unten am Kiesufer, neben dem alten Schaufelraddampfer aus der Goldgräberzeit, gehen einige Kanuten an Land. Gut eine Woche waren sie auf dem Fluss unterwegs, sind von Whitehorse bis Dawson City gepaddelt. Ganz wie einst Jack London und all die anderen Goldsucher. Viele Moskitos gibt es am Weg, aber genauso unendliche Weite und Stille. Heute Abend werden sie das Ende der Tour feiern. Stilecht auf Abenteurerart im Saloon von Diamond Tooth Gertie's, der alten Spielhalle in Dawson. Seit hundert Jahren wird dort gepokert und Blackjack gespielt – in den letzten Jahrzehnten allerdings meist von Besuchern. Denn das 2000-Seelen-Städtchen hat sich mit seinen pittoresken Westernfassaden und Brettergehsteigen vom raubeinigen Goldgräberort zum beliebtesten Ziel der Urlauber im Yukon Territory gemausert.

»Erfahrbarer« Norden

Die meisten Besucher kommen allerdings nicht per Kanu wie einst die Goldsucher, sondern fahren gemütlich über den Alaska und den Klondike Highway aus dem zivilisierten Süden in die Arktis. Auf den modernen Highways allerdings hält sich das Abenteuer sehr in Grenzen. Breit ausgebaut und gut geteert führen sie auf breiten Schneisen durch den Süden des Yukon Territory. Alle 50 Kilometer eine Tankstelle mit Coffeeshop

Die Schmalspurlinie der White Pass & Yukon Railway wurde im Jahr 1900 zum Höhepunkt des Goldrausches am Klondike fertig gestellt. Jetzt dampft die Bahn mit Touristen von Skagway in Alaska hinauf ins Yukon Territory.

und Motel. Heiße Dusche und Satellitenfernsehen inklusive. Der Norden ist »erfahrbar« geworden, die Reise nach Dawson City zu einer gefahrlosen Tour. Erst in allerjüngster Zeit wurde das Reisen im Norden möglich – und dies nur in einigen wenigen Regionen im Westen der Territories. Noch vor 20 Jahren war der Alaska Highway eine schlammige, kurvige Wildnispiste, kaum besser als bei seiner Erbauung im Jahre 1942. Das amerikanische Militär hatte damals die erste Straße durch Nordkanada nach Alaska verlegt, um einem drohenden Angriff der Japaner entgegenzutreten. Eine Piste durch 2300 Kilometer Sümpfe und Wälder, die in nur acht Monaten fertig gestellt wurde. Eine Gewaltleistung ohnegleichen. Doch die wilde, abweisende Natur des Nordlandes und seine Schätze haben die Menschen schon immer zu erstaunlichen Pioniertaten herausgefordert.

Die Dene-Indianer und die Inuit (Eskimos) haben sich über viele Generationen der winterlichen Eiseskälte und Unwirtlichkeit dieses Landes angepasst und es zu ihrer Heimat gemacht. Die Entdecker der Neuzeit – Männer wie Martin Frobisher, Henry Hudson oder Sir John Franklin – segelten auf der Suche nach der legendären Nordwestpassage immer wieder ins Packeis, aus dem so mancher von ihnen nicht zurückkehrte. Nach ihnen kamen die Pelzhändler. Sie durchstreiften die Weite, froren in den langen, dunklen Winternächten und verzweifelten in den moskitoverseuchten Sümpfen des Sommers. Noch später dann zogen die Goldgräber nordwärts, die in einem nie dagewesenen Massenrausch wie Lemminge über die eisigen Pässe zu den sagenhaften Reichtümern des Klondike strömten – das Leben jedes einzelnen eine Geschichte von Kampf und Entbehrung. All diese Schicksale sind die Fäden aus denen die Mythen des Nordens gewoben sind.

Eine Fahrt auf dem Alaska Highway mag heute mühelos und zivil erscheinen, doch das Erscheinungsbild täuscht. Die wenigen Highways in die Arktis sind kaum mehr als zaghafte Fühler, die die Zivilisation ausstreckt. Das unendliche Hinterland, das unmittelbar am Straßenrand beginnt, ist ursprünglich und wild wie seit Urzeiten. Zwar wird alle paar Jahrzehnte irgendwo ein neues Stückchen Straße eröffnet, so etwa im Jahr 1978 die grandiose Wildnispiste des Dempster Highway, der als einzige Straße Kanadas über den Polarkreis hinaus bis ins Mackenzie-Delta am Eismeer führt. Doch diese vereinzelten Vorstöße verlieren sich schlicht in der Weite. Die drei Nordterritorien Kanadas, die Northwest Territories, das Inuitland Nunavut und das Yukon Territory, machen mit knapp vier Millionen Quadratkilometern rund 40 Prozent der Gesamtfläche des Landes aus. Kaum 90 000 Menschen leben hier, die meisten in den Hauptstädten der drei Territorien, Whitehorse, Iqaluit und Yellowknife, die übrigen verstreut in winzigen Siedlungen entlang der Eismeerküste wie ihre Vorväter.

Das Leben in diesen Vorposten der Zivilisation ist nicht mehr ohne Komfort. Flugzeuge und Stromgeneratoren, Satellitenschüsseln, Internet

Links:
Blackjack, Poker, einarmige Banditen: Diamond Tooth Gertie's Saloon in Dawson City ist seit der Goldgräberzeit vor gut hundert Jahren ein Spielcasino. Am Wochenende setzen noch heute die Miners ihre Nuggets.

Spaß im Schnee ist für die Inuit Teil des täglichen Lebens. Zumal in Grise Fjord, der nördlichsten Siedlung Kanadas auf dem 77. Breitengrad, wo Abwechslung und Kontakte zur Außenwelt selten sind.

und Telefon bringen die Segnungen des Südens in die urzeitliche Welt der Arktis. Dennoch herrscht hier ein völlig anderes Leben, ein Leben angepasst an den Rhythmus der Jahreszeiten, an das Klima, an die Einsamkeit. Ein Haus, das nicht auf Stelzen gebaut wäre, würde im Sommer schnell im Morast des Dauerfrostbodens versinken. Ein Auto ohne Motorheizung wäre in Dawson City bei minus 40 Grad im Winter schon nach einer geparkten Nacht nutzlos. Im Winter ohne Schlafsack und Notausrüstung Auto zu fahren, wäre tödlicher Leichtsinn. Es ist ein hartes, unerbittliches Land, das keine Fehler verzeiht, aber die Menschen haben sich darauf eingestellt, wissen mit den Risiken zu leben. Doch es sind nicht viele, die die Herausforderung annehmen. Inuit und Dene sind es seit Generationen gewöhnt, die Weißen halten meist nicht mehr als einen Winter aus. Selbst in Touristenzentren wie der Goldgräberstadt Dawson City herrscht nur für wenige Sommermonate Leben und Treiben. Im Winter, wenn das Thermometer ins Bodenlose und die Bevölkerung auf einige hundert Unverzagte sinkt, ist Dawson trist und verloren in der weißen Einsamkeit wie all die anderen Pioniernester.

König der Arktis

Tiere und Pflanzen des Nordens haben sich über die Jahrhunderttausende an die extremen Bedingungen gewöhnt. Die Caribous, die Rentiere Nordamerikas, unternehmen weite Wanderungen, um genügend Futter zu finden. Wölfe, Füchse und Bären brauchen große Reviere, um ihr Überleben zu sichern. Büsche und Bäume haben nur ganz flaches Wurzelwerk, denn schon wenige Zentimeter unter der Oberfläche bleibt der Boden vielfach auch im Sommer beinhart gefroren – Permafrost, der oft mehrere hundert Meter in die Tiefe reicht. Nördlich der Baumgrenze hat sich eine einzigartige Tundravegetation aus Zwergweiden, Heidekräutern und Flechten entwickelt, die im September für zwei kurze Wochen in einem herbstlichen Farbenrausch erglüht. Doch selbst bei dieser kargen Vegetation findet man noch auf den nördlichsten Inseln Schneehasen, Polarfüchse und zahlreiche Vogelarten. Das über Monate von Packeis bedeckte arktische Meer ist sogar einer der reichsten Lebensräume: Robben, Walrosse, Nar- und Belugawale leben in der Nahrungskette, die mit den Krill- und Loddenschwärmen des kalten Meeres beginnt und an der Spitze mit dem König der Arktis endet – dem Eisbären.

Ein oft mit der Arktis verbundenes Klischee allerdings ist falsch: Der kanadische Norden ist kein Land von ewigem Eis und Schnee. Nur die bis auf fast 6000 Meter aufragenden Berge im Kluane National Park im äußersten Westen und die Berge von Baffin Island im Osten, sind stark vergletschert. Die Inseln im Norden und die riesigen Ebenen in der Mitte des Landes, platt gewalzt von den Gletschern der Eiszeiten, sind arktische Wüsten. Hier fallen nur wenige Zentimeter Schnee im Winter, die Sommer sind kurz, aber verblüffend warm und sonnig. So haben sich einzigartige Ökosysteme entwickelt, die in zahlreichen großen Nationalparks unter Schutz stehen. Elf Parks gibt es bereits, fünf weitere sind geplant. Der Kluane National Park im äußersten Westen etwa schützt die spektakuläre Bergwelt um Kanadas höchsten Gipfel, den 5959 Meter hohen Mount Logan. Die erst vor wenigen Jahren geschaffenen Parks Sirmilik und Aulavik bewahren die Lebensräume von Moschusochsen, Walrossen und Narwalen – riesige Wildnisflächen, in denen es keinerlei menschliche Erschließung gibt. Alleine der Wood Buffalo National Park, ein Schutzgebiet für nordamerikanische Bisons, ist knapp 45 000 Quadratkilometer groß – eine Fläche in der die Schweiz bequem Platz finden würde.

Erst neuerdings wird aber erkannt, dass es nicht nur gilt, die Schätze der Natur zu bewahren. Auch die Menschen, deren Ahnen einst dieses so abweisende Land besiedelten, sollen nun zu ihrem Recht kommen. Inuit und Dene-Indianer stellen ungefähr die Hälfte der Bevölkerung des Nordens – beides lange vernachlässigte Bevölkerungsgruppen. Alkoholismus und Arbeitslosigkeit sind weit verbreitet. Schlimmer noch aber ist die Langeweile – das Leben der Jäger von einst hat seinen Sinn verloren, die Kultur der Weißen aus dem Süden kann die traditionelle Lebensweise nicht ersetzen. Die Landrechte der Ureinwohner in der Arktis wurden nie anerkannt, weder von der englischen Kolonialregierung noch vom späteren Staat Kanada. Erst in allerjüngster Zeit kam die Wende: Am 1. April 1999 erhielten die Inuit ein eigenes Territorium von rund zwei Millionen Quadratkilometern Fläche. Nunavut, heißt es, »unser Land«. Nur circa 27 000 Menschen leben weit verstreut in dem riesigen Gebiet. Doch erstmals in ihrer Geschichte ist es den nomadischen Inuit nun möglich, eine gemeinsame Identität aufzubauen und gemeinsam Politik zu machen – mit Hilfe moderner Technologie. Per Internet und Satellitenverbindung bleiben die Parlamentsmitglieder miteinander in Kontakt, die jagenden Männer schicken Mails an ihre Familien und die Frauen tauschen Caribou-Rezepte aus. Und die Inuit-Kinder treffen sich in Chatrooms mit den Kids aus aller Welt. Neue Zeiten im Norden.

Eisfischen sichert den Inuit auf Baffin Island frischen Fisch auch im Winter. Dazu werden mit einem Bohrer Löcher ins oft meterdicke Eis der Süßwasserseen im Inneren der Insel gebohrt.

Großes Bild:
Wo das Land nur ganz flach ist wie hier auf dem Peace River Plateau im Norden Albertas ziehen die Flüsse Mäander. Für eine Strecke von 10 Kilometern braucht der Fluss dann 30 Kilometer – mühsam für Kanufahrer.

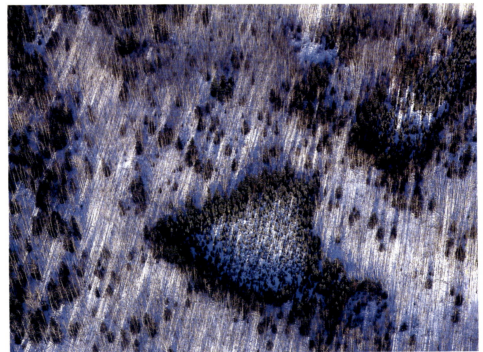

Kleine Bilder:
Auch die großen Nadelwälder des Nordens werden in der Peace-River-Region für die Holzindustrie genutzt. Die dünnen Stämme taugen allerdings meist nur zur Herstellung von Papier und Sperrholz.

Der Winter kommt früh im Kluane National Park: Bereits Anfang September verfärben sich Pappeln und Birken zum Indianersommer. Nur zwei Wochen später ist das Spektakel vorbei.

Breit und mächtig wälzt sich der Yukon River bei Dawson City durch die Berge. Doch hier ist er noch jung, kaum ein Drittel seines insgesamt 3185 Kilometer langen Weges zur Beringsee liegt hinter ihm.

Herbst am White Pass nahe dem »Dreiländereck« von Yukon Territory, Alaska und British Columbia. Die alpine Tundra verglüht in einem kurzen Farbenrausch.

Über den oft windigen und gefährlichen Tagish Lake mussten die Goldgräber im Frühjahr 1898 rudern, um zum Yukon River und in das fast 1000 Kilometer entfernte Dawson City zu kommen.

Linke Seite:
Wie eine Autobahn aus Eis: Auf einer Länge von 75 Kilometern bahnt sich der Kaskawulsh Glacier seinen Weg aus den St. Elias Mountains des Kluane National Park. Mit dem 5959 Meter hohen Mount Logan sind dies Kanadas höchste Berge.

Kluane National Park: 22 000 Quadratkilometer Berge, Schnee und Eis. Zusammen mit dem in Alaska angrenzenden Wrangell-St. Elias National Park ist dies das größte Naturschutzgebiet der Welt und ein UNESCO-Welterbe.

Die Tombstone Mountains nördlich von Dawson City sind nur etwa 2000 Meter hoch. Ihre dramatischen Steilhänge jedoch machen sie zu einer der wildesten und schönsten Bergketten des Yukon Territory.

Whitehorse, die Hauptstadt des Yukon Territory, liegt auf einer großen Uferterrasse am Yukon River. Gerade mal 22 000 Menschen leben hier – und damit ist Whitehorse schon eine echte Großstadt des Nordens.

Früher verkehrte die S.S. Klondike von Whitehorse nach Dawson City und weiter bis zur fast 3000 Kilometer entfernten Beringsee. Heute ist der originalgetreu restaurierte Schaufelraddampfer ein Museum.

Ohne Flügel geht nichts: Buschpiloten des Nordens wie John Jennings müssen sich auch mit Technik und Reparaturen auskennen. Nur die kleinen Maschinen machen die Bergwelt des Kluane National Park um Haines Junction zugänglich.

Eiszeitliche Urlandschaft: Vielfach verästelt strömt der Alsek River aus den Kluane Ranges bei Haines Junction. Ein klassischer Gletscher-Abfluss, dessen milchige Wasser Tonnen von Kies aus den Bergen tragen.

Seite 114/115: Dawson City, die legendäre Boomtown der Goldgräbertage: Hier mündet der dunkle Klondike River in den von Gletschermehl hell gefärbten Yukon. Kaum vorstellbar, dass im Jahr 1900 gut 30 000 Menschen in der Stadt überwinterten.

Goldfieber am Klondike

Das Jahr 1896 war kein gutes Jahr. In Kanada und Amerika herrschten 20 Prozent Arbeitslosigkeit. Eine anhaltende Wirtschaftskrise trieb ihrem Tiefpunkt entgegen. Bahngesellschaften gingen Pleite, Tausende von Farmern und Industriefirmen mussten Konkurs anmelden. Auf der internationalen Bühne standen der Burenkrieg in Südafrika und der Spanisch-Amerikanische Krieg drohend vor der Tür. Harte Zeiten.

Dennoch, 1896 sollte ruhmvoll in die Geschichte eingehen: Hoch im Norden Kanadas wurde im August des Jahres Gold entdeckt. Es war der Super-Jackpot des 19. Jahrhunderts. Ein Goldfund jenseits aller Vorstellungskraft: An guten Tagen konnte ein Goldsucher am bald legendären Klondike River ein Pfund Gold pro Waschpfanne erbeuten. Ein guter Claim

Unten: Mit dem Dampfer kamen die Goldsucher an der Küste Alaskas an. Bis zum Klondike River war dann noch ein gewaltiger Marsch zurückzulegen: 50 Kilometer war noch der kürzeste Weg über den berüchtigten Chilkoot Pass.

brachte seinem Besitzer 10 000 Dollar pro Tag – und das aus einem kaum 50 Meter langen Bachabschnitt. Kein Wunder, dass in diesen schlechten Zeiten der Goldfund am Klondike zur Hoffnung für viele wurde und zum Auslöser für den berühmtesten Goldrausch aller Zeiten.

Es hatte schon andere Goldfunde in der Neuen Welt gegeben: 1849 in Kalifornien, 1862 in den Cariboo Mountains von British Columbia. Doch der größte Schatz lag weiter nördlich verborgen. Und es sollte bis zum Sommer 1896 dauern, ehe der eisige Norden seinen Schatz preisgab. George Carmacks, ein etwas dubioser Amerikaner, der einst als Tellerwäscher auf einem Dampfer nach Alaska und von dort in den Yukon gekommen war, und seine beiden indianischen Freunde Skookum Jim und Tagish Charlie waren damals auf der Jagd im Tal des Klondike River. Robert Henderson, ein kanadischer Miner, hatte ihnen einige Tage zuvor erzählt, dass er in der Region etwas Goldstaub gefunden hatte. So hielten die drei Jäger ihre Augen offen. Und sie hatten Glück. Es war der 16. August 1896 als sie beim Ausweiden eines Elches am Ufer eines Seitenbaches auf Gold stießen. Nicht auf spärliche Spuren, sondern auf Nuggets in dicken Schichten, auf walnussgroße Stücke reinen Goldes. Dies war die legendäre Bonanza. Und so benannten sie den Bach »Bonanza Creek«.

Prospektoren in der näheren Umgebung hörten bald von dem Fund und steckten sich Claims ab. Bis jedoch die goldene Neuigkeit die Außenwelt erreichte, sollte noch fast ein Jahr vergehen. Es war zu spät, noch im Herbst 1896 über den Yukon River und die Bering Straße nach Süden zu gelangen. So lief erst im Juli 1897 der erste Dampfer aus dem Norden in Seattle ein – mit einer Tonne Gold an Bord.

Auf der Suche nach dem Glück

In Windeseile verbreitete sich die Nachricht nun um die Welt: »Gold am Klondike« titelten die Zeitungen von San Francisco bis Sankt Petersburg. Eine Verlockung sondergleichen. Es heißt, dass aus Australien und Amerika, aus Kanada, England und Deutschland rund 100 000 hoffnungsfrohe Abenteurer aufbrachen, um am Klondike ihr Glück zu suchen. Der Ausgangspunkt des epischen Trecks war Seattle. Von hier reisten die Glücksritter im Spätsommer 1897 zunächst per Dampfer die Küste nordwärts bis zu dem Hafenort Skagway in Alaska. Von dort führte die kürzeste, aber härteste Route zu den Goldfeldern: die Strecke über den berüchtigten Chilkoot Pass. Kaum 50 Kilometer war die Route lang: ein steiler Anstieg auf den 1128 Meter hohen Pass, dann noch ein Stück bergab

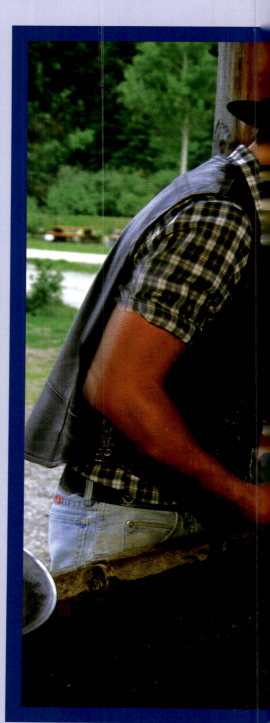

Mitte: Das mühsame Goldwaschen von einst ist heute Familienspaß: In vielen Boomtowns Westkanadas wie hier in der Museumsstadt Barkerville in den Cariboo Mountains wird »Panning« angeboten. Krummer Rücken inklusive.

bis zum Lake Bennett, der schon zum Flusssystem des Yukon River gehörte. Drei Monate brauchten die Goldsucher für dieses Stück. Immer und immer wieder, rund 50mal, mussten sie den tief verschneiten, vereisten Pass übersteigen, denn per Verordnung der kanadischen Regierung hatten sie Ausrüstung für ein ganzes Jahr mitzubringen: 400 Pfund Mehl, 50 Pfund Haferflocken, 100 Pfund Bohnen, 40 Pfund Kerzen, 100 Pfund Zucker, 200 Pfund Speck, 30 Pfund Kaffee und Tee und so fort. Dazu Zelt, Kanonenofen, Schlafsack, Axt und Säge, Kochgeschirr, Winterkleidung, Moskitonetze und natürlich Goldwaschgerät. Insgesamt mussten sie gut eine Tonne Gewicht über die Berge schleppen.

Am Lake Bennett zimmerten die Goldsucher dann Boote, um sofort nach dem Eisaufbruch im Frühjahr 1898 den Yukon River hinab zu rudern. Etwa 50 000 schafften die Reise bis Dawson City, der Boomtown an der Mündung des Klondike River in den Yukon. Viele zu spät – die besten Claims waren vergeben. Doch es gab auch Glückliche, die bald mit Schampus und Cancan-Girls prassen konnten. Innerhalb weniger Wochen wurde Dawson City zu einer Stadt mit 30 000 Einwohnern, zum »Paris des Nordens« mit Saloons, Bordellen und sogar einem Opernhaus, das der Wildwestheld »Arizona Charlie« führte. Es heißt, 500 000 Liter Whisky flossen im Sommer 1898 durch die staubigen Kehlen der Miners. Klaviere und Kristalllüster aus Paris, eisgekühlter Kaviar und Champagner wurden mit Schaufelraddampfern auf dem Yukon nach Dawson geschafft. In den folgenden drei Sommern bis 1900 holten die Glücksritter Gold im Wert von 100 Millionen Dollar aus den Bächen am Klondike. Dann war das schnelle Glück vorbei. Neue Nugget-Funde lockten die Miners nach Alaska, nach Fairbanks und Nome. Der Goldrausch am Klondike war Geschichte.

Links:
Wie Ameisen zogen die Goldsucher über den steilen Chilkoot Pass, der auf über 1100 Meter Höhe ansteigt. Laut Verordnung der kanadischen Regierung mussten sie Ausrüstung für ein Jahr an den Klondike schaffen.

Das Thema Goldrausch ist auch heute noch allgegenwärtig im Yukon Territory. Das Indianerdorf Burwash Landing brüstet sich sogar mit der größten Goldwaschpfanne der Welt: sieben Meter Durchmesser.

So muss es ausgesehen haben, damals beim großen Goldrausch am Klondike, als in einer Waschpfanne ein Pfund Gold oder mehr zurückblieb. Heute ist die Ausbeute viel kärglicher.

Ganz wie damals: Diamond Tooth Gertie's Saloon war schon vor hundert Jahren eine echte Spielhölle. Heute rollen im einzigen Casino von Dawson City vorwiegend Touristendollar – aber es kommen auch noch echte Miners.

Großes Bild: Plüsch und Pomp für die Goldgräber: Das viktorianisch gestylte Downtown Hotel fängt die Atmosphäre der wilden Tage von Dawson City recht gut ein. Gut vorstellbar, wie die Glücksritter damals hier feierten.

Wildwest-Flair am Klondike: Hölzerne Scheinfassaden säumen die Straßen von Dawson City. Die Ausstattungen der Häuser wurden vielfach mit Schaufelraddampfern von der Beringsee über den Yukon herbeigeschafft.

Dreimal am Abend ist Show. Dann schwingen im Diamond Tooth Gertie's Saloon die Cancan-Girls die Beine. Alles historisch korrekt. Nur werfen die Zuschauer heute keine Nuggets mehr auf die Bühne.

Vorrat für den Winter: Sockeye-Lachse ziehen vom Pazifik her den Klukshu Creek am Rande des Kluane National Park herauf. Seit Urzeiten fangen hier athabaskische Tutchone-Indianer ihre Fische für den Winter.

Traditionell war Klukshu ein Sommerlager der Indianer des Yukon Territory. Sie waren Halbnomaden, bauten hier und dort provisorische Hütten und zogen dann wieder zu anderen Jagdrevieren weiter.

Wie jedes Jahr kommt Gordon Joe, ein Tutchone-Indianer, zur Lachssaison im Juli ins Sommercamp nach Klukshu Village. Nach dem Fang werden die Lachse getrocknet und dann über Pappelholz geräuchert.

Das Yukon Territory ist bis heute ein Land der Pioniere. Ein Goldgräber wie Paul Mahoney weiß wovon er spricht: »Wer den ersten Winter übersteht, bleibt für immer – oder kommt nie wieder.«

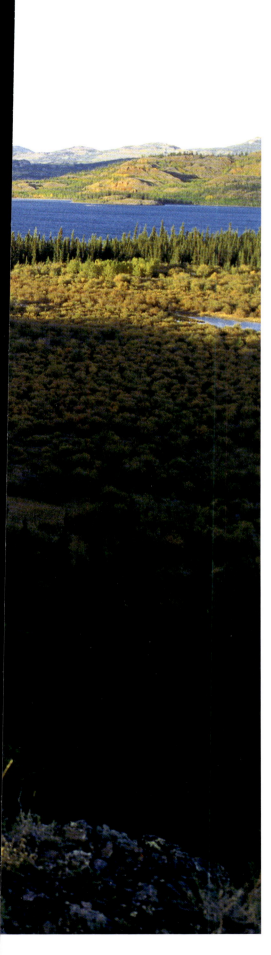

Großes Bild:
Highway des Nordens: Der Lake Laberge nördlich von Whitehorse gehört zum Flusslauf des Yukon River. Früher verkehrten hier Schaufelraddampfer im Linienverkehr – heute sind die geteerten Highways schneller.

Kleine Bilder:
Reisende in Nordamerika waren immer Individualisten: Früher zogen die Pioniere in Planwagen gen Westen, heute kommen die Besucher in Wohnmobilen. Öffentliche Verkehrsmittel spielen keine Rolle – und die alte White Pass & Yukon Railway (Mitte) ist nicht mehr als ein Ausflugszug.

Seite 124/125:
An guten Tagen im April zeigt das Thermometer in Paulatuk noch immer minus 10 Grad. Dennoch liegt für 286 Inuit und 25 weiße Kanadier – zumeist Lehrer und Verwaltungsangestellte – hier an der westlichen Eismeerküste in Nunavut die Heimat.

Linke Seite: Tiefkühltruhe überflüssig: In Paulatuk hält sich der Fang den ganzen Winter über natürlich frisch. Die in Fertigteilen eingeflogenen Häuser haben aber Kühlschränke – damit die Milch nicht einfriert.

Ein guter Jäger ist ein angesehener Mann. Loasie Kooneliusie war im Pangnirtung Fjord auf Baffin Island erfolgreich. Robben sind überall entlang der Eismeerküste der wichtigste Fang.

Eisangeln auf Baffin Island: Fischen und Jagen sind für die Inuit seit alters her die wichtigste Nahrungsquelle. Lebensmittel im Laden von Pangnirtung sind teuer, also füllt Awa Peta den Speiseplan mit Eisfischen.

Hunde-Power: Auf freien Eisflächen wie hier vor der Südostküste von Baffin Island können Schlittenhunde mühelos 70 bis 80 Kilometer am Tag laufen. Und Tankstellen brauchen sie auch nicht.

Schon Ende September formt sich das Packeis im Devon Sound. Zuerst als dünne Kruste, dann schieben arktische Strömungen die Platten übereinander und schaffen dicke Schichten und Eiswälle.

Die Inuit auf Baffin Island kennen ihr Land seit Generationen. Sie wissen, zu welcher Jahreszeit wo die besten Fische zu fangen sind. Zwar leben sie längst in modernen Dörfern, Zeltcamps zum Fischen und Jagen sind aber immer noch populär.

Schneemobile und Lastschlitten ersetzen, wie hier auf Baffin Island, heute vielfach die Hundeschlitten. Immerhin ist die Insel rund 500 000 Quadratkilometer groß und Nachbarorte oft Hunderte Kilometer voneinander entfernt.

Eisbären – Einsame Wanderer der Arktis

Sie sind einfach zum Knuddeln, die schneeweißen Bären des Nordens. In Kinderbüchern und Kinderfilmen ist Lars, der kleine Eisbär, der Star und besteht mit seinen Freunden lustige Abenteuer. Auf Plakaten und in Werbefilmen für besonders kühlende Klimaanlagen oder besonders gute Eiscreme sind die sympathischen Riesen aus der Kälte immer gut für Verkaufserfolge. Jedem Zoo mit Arktisgehege und Eisbären ist die Gunst der Besucher garantiert.

Bärenfreunde, die sich aber wirklich in die tapsigen weißen Riesen verliebt haben, wollen ihre Lieblinge einmal im Leben auch in freier Natur sehen. Und für die Erfüllung dieses Bärentraums gibt es nur einen Ort auf der Welt: Churchill im hohen Norden von Manitoba. Das 800-Seelen-Dorf am Ufer der Hudson Bay ist die »Welthauptstadt der Eisbären«.

In Warteposition: Alljährlich sammeln sich Dutzende von Eisbären bei Churchill, Manitoba, und warten auf das Zufrieren der Hudson Bay. Erst dann können sie nach dem mageren Sommer wieder auf die Jagd gehen.

Nirgendwo sonst kann man unter Garantie und in relativer Sicherheit die Herren der Arktis so gut beobachten. Churchill liegt auf einer der uralten Wanderrouten der Eisbären in Nordkanada. Nach einem langen Sommer an Land ohne viel Nahrung warten die Bären hier alljährlich im Oktober darauf, dass die Hudson Bay zufriert und sie zur Robbenjagd hinaus aufs Eis können. Hier erreicht das Packeis zuerst das Land und bietet so den hungrigen Bären die Möglichkeit zu ihren Jagdgründen zu gelangen.

Daher ist im Oktober Hochsaison in Churchill: Dutzende von Bären streunen durch die Tundra ringsum – und oft genug mitten durch den Ort. Und jedes Motelbett, jedes Sofa in der Stadt ist für Oktober schon Monate vorab von Eisbär-Fans fest gebucht. Früh morgens holen die Sightseeing-Firmen die »Bear watchers« ab und fahren sie in Tundra-Buggies hinaus in die eisige Einsamkeit. In den großen, geheizten und gepanzerten Fahrzeugen auf hohen Ballonreifen sind die Gäste sicher aufgehoben. Kein Bär kann die fingerdicken Gitterstäbe aufbrechen. Doch wenn sich einer der zotteligen Riesen aufrichtet und auf Augenhöhe vor dem Buggy-Fenster Witterung nimmt, dann kehrt schnell eine neue Ehrfurcht vor den nur scheinbar so tapsigen Königen der Arktis ein.

Hoch spezialisierte Jäger

Eisbären sind die größten Landraubtiere unserer Erde, werden bis zu 600 Kilogramm schwer und sind aufgerichtet bis zu drei Meter hoch. Kraft und Ausdauer dieser hoch spezialisierten Jäger sind legendär: Wissenschaftler haben Eisbären beobachtet, die ohne Rast 100 Kilometer weit durch das stürmische, eisig kalte Polarmeer schwammen. Ein mit einem Sender markiertes Bärenweibchen wanderte innerhalb von gut zwei Jahren über 3000 Kilometer weit von Alaska quer durch die Arktis bis Grönland. So wird der Inuit-Name für den Polarbären verständlich: Nanuk, »der Wanderer«.

Den größten Teil des Jahres verbringen die weißen Bären, die bis zu 35 Jahre alt werden können, auf dem Packeis. Dort finden sie ihre Hauptnahrung: Robben. Gekonnt schleichen sie sich an ruhende Robben an oder warten regungslos an den Atemlöchern im Eis. Mit einem Schlag ihrer mächtigen Pranken erlegen sie die Robbe dann beim Auftauchen. Inuit erzählen davon, dass die smarten Bären kleine Schneewälle als Tarnung vor den Atemlöchern bauen oder sich beim Anschleichen auf dem Packeis die schwarze Nase mit der Tatze bedecken. Fette Robben mögen die immer hungrigen Bären am liebsten, sie bringen die meiste Energie. Aber Eisbären sind Opportunisten, Schneegänse stehen ebenso auf dem Speiseplan wie gelegentlich Moschusochsen, Walrosse oder sogar Belugawale. Und während des Sommers an Land fressen die Bären auch Wurzeln, Beeren und Lemminge. Dabei wissen die Bären ganz genau, ihren Energiehaus-

Mitte: Eisbären sind wahrlich die Könige der Arktis – ohne natürliche Feinde stehen sie ganz oben in der Nahrungskette. Ihre Lieblingsspeise: Robben, die sie auf dem Packeis erlegen.

Links:
Zoo einmal anders herum: Die Besucher sind im Käfig, der Bär draußen. In Scharen kommen jeden Herbst die Bärenfreunde nach Churchill, um die weißen Riesen einmal ganz nah und in freier Wildbahn zu erleben.

halt einzuschätzen. Ein Sprint nach einer Schneegans lohnt sich nur bis zu zwölf Sekunden – mehr Kalorien bringt das Federvieh nicht für die massigen Bären.

Für das Überleben in der Kälte ist der Polarbär bestens ausgerüstet: Die Haare des Fells sind hohl und isolieren so gut, dass ein Infrarotbild selbst bei minus 40 Grad keinen Umriss des Bären im Schnee zeigt – nur der Atem ist zu sehen. Zum Kälteschutz des Pelzes kommt noch eine bis zu zehn Zentimeter dicke Fettschicht, so dass die Bären tatsächlich leichter überhitzen als frieren. Doch die spezielle Adaption der Eisbären an ihre extreme Umwelt geht noch viel weiter: Um im kalten Wasser schneller zu sein, haben sie Schwimmhäute an ihren Pranken entwickelt. Die im salzigen Meer lebenden Bären können zudem aus ihrem Körperfett Wasser gewinnen. Das ist weit effizienter, als Schnee zu fressen und auf Kosten vieler Kalorien aufzutauen. Und ein Eisbärenweibchen kommt bis zu acht Monate praktisch ohne Nahrung aus. Sie geht im August in ihre Höhle an Land, bekommt dort im Dezember ihre Jungen und säugt sie bis März. Erst dann zieht sie wieder zur Robbenjagd aufs Eis hinaus.

Gut 15 000 Eisbären leben heute in Kanada, rund 25 000 sind es in der gesamten Arktis (nicht in der Antarktis übrigens – die Pinguine brauchen sich nicht vor Eisbären zu fürchten). Von der Jagd durch Walfänger und Inuit haben sich die Bären gut erholt. Doch bei Churchill zeigt sich seit einigen Jahren eine neue Bedrohung: die globale Klimaerwärmung. Die Hudson Bay fror in den letzten Jahren gut drei Wochen später zu – drei Wochen weniger Zeit für die Bären im Packeis zu jagen. Die Folgen sind weniger Fettreserven und weniger Erfolg der Weibchen bei der Aufzucht der Jungen. Dieser grundlegenden Wandlung ihres Lebensraumes werden die Könige der Arktis auf Dauer nicht widerstehen können, da hilft auch kein Knuddelfaktor.

So spielerisch sieht man wie hier bei Churchill nur junge Bären, erwachsene Tiere sind Einzelgänger und treffen sich ausschließlich zur Paarungszeit.

Menschen der Arktis: Rund 28 000 Einwohner zählt Nunavut, fast 90 Prozent von ihnen sind Inuit. Ihre Vorfahren zogen vor rund 1000 Jahren von Asien über Alaska bis Baffin Island und verbreiteten sich sogar bis Grönland.

Verkehrsmittel auf Baffin Island sollten Pfoten oder Kufen haben. In ganz Nunavut gibt es nur 21 Kilometer Straßen – fast alle davon in der Hauptstadt Iqaluit. Das weite Hinterland ist völlig weglos.

Iglus sind out. Die Behausungen für Hund und Herrchen kommen heutzutage aus dem Süden: Die kanadische Regierung schickt Fertighäuser per Lastbarken oder gar per Flugzeug in den Norden.

Pelzmode mal anders: Vor einem Haus in Grise Fjord sind Robbenfelle zum Trocknen aufgespannt. Jagd und Fallenstellerei sind für die Inuit der Arktis seit Urzeiten wichtigster Lebensinhalt.

Seite 134/135: Hockey muss sein – auch in Kanadas nördlichstem Ort, Grise Fjord. Das 160-Seelen-Dorf wurde 1953 mit Regierungshilfe gegründet, um den kanadischen Anspruch auf die Arktis zu bekräftigen.

Ontario und die Prärien – Wälder und Weizen

Weizen vom Fließband: Die großen Prärien sind die Kornkammer Kanadas. Allein in Saskatchewan gibt es 78 000 Farmen. Auf den meisten wird wie hier nahe der Hauptstadt Regina in industriellem Stil Weizen angebaut.

Ontario und die Prärien – Wälder und Weizen

Die unendlich weiten Ebenen im Herzen des Kontinents sind vielleicht nicht die schönste oder die wildeste Landschaft Kanadas, doch sicher die extremste. Allein das Klima: Im Sommer glühen die Prärien bei oft wochenlang 35 Grad und mehr. Im Winter sinkt das Thermometer bis auf minus 40 Grad ab. Ebenfalls für Wochen. Und es fegt ein eisiger Wind über das platte Land mit einem Chill-Faktor von nochmal 20 Grad weniger. Hinzu kommen in manchen Jahren Dürre, Tornados, Hagel, Feuer. Kein leichtes Leben für die Vegetation in den Prärien. Deshalb konnten seit Urzeiten hier nur hohe Gräser gedeihen. Kein Baum wird auf Dauer solch extreme Witterung überleben.

Volle zwei Tage dauert die Fahrt von Ost nach West auf dem Trans-Canada Highway durch die »Great Plains«, die von Kanada hinabreichen bis nach Texas. Zwei Tage Fahrt unter einem weiten Himmel mit nur wenigen Cirruswolken, auf schnurgeraden Straßen, die erst am Horizont enden. Fixpunkte für das Auge setzen allein die charakteristischen, turmhohen Kornspeicher, die »Kathedralen der Prärien«. Korn, genauer Weizen, ist das magische Stichwort für die Prärien. Bei der Fahrt im Sommer wogt beiderseits des Highway ein Meer von goldenen Halmen: Roggen, Hafer, Raps und Weizen, immer wieder Weizen. Allein in Saskatchewan gibt es 51 000 Farmen, fast die Hälfte der gesamten Landfläche der Provinz steht unter dem Pflug.

Dinosaurier aus dem urzeitlichen Meer

Der Boden der Prärien ist äußerst fruchtbar. Schicht um Schicht lagerten sich einst am Grund eines flachen, urzeitlichen Meeres Schlamm und Sand ab und versteinerten schließlich. Noch heute tauchen aus den weichen Sedimentschichten im Tal des Red Deer River von Alberta jedes Jahr neue Dinosaurierfossilien auf. Ein gigantischer prähistorischer Friedhof. Zu Zeiten der ersten Indianer dehnte sich hier eine gewaltige Graslandschaft, die »tall grass prairie«, die Le-

Der Süden Albertas ist traditionelles Ranch-Country. Im nur leicht welligen Hügelland am Fuß der Rockies liegen Rinder-Ranches und kleinere Gästeranches wie die Lucasia Ranch.

bensraum bot für große Bisonherden. Rund 30 bis 50 Millionen Bisons sollen um 1800 in den Prärien gelebt haben. Bis 1880 hatten weiße Jäger die Bisons praktisch ausgerottet, ihre Haut wurde zu Leder verarbeitet, ihre Knochen zu Dünger zermahlen. Damit war den nomadischen Indianerstämmen der Prärien, den Assiniboine, Cree und Blackfoot, die Lebensgrundlage entzogen, und sie ließen sich aus schierem Hunger in Reservaten ansiedeln: Das fruchtbare Land war frei für die Farmer.

Zu Hunderttausenden kamen Anfang dieses Jahrhunderts die Einwanderer, die meisten aus der Ukraine, aus Deutschland, aus Skandinavien. Ihr Fleiß machte die Prärien zur Kornkammer der Welt. Jedes Jahr exportiert Kanada je nach Erntejahr zwischen 10 und 25 Millionen Tonnen Weizen. Nach Europa, nach Russland, nach China und – oft als Hilfslieferungen – in zahlreiche Entwicklungsländer.

Ländlich sittlich geben sich die Städte der Prärien, Country-Musik dominiert im Radio, sonntags sind die Kirchen gut besucht, und die größten Veranstaltungen sind die Wettbewerbe im Traktorfahren. Alles liebenswert hinterwäldlerisch. Genau dieses Image möchten natürlich die – wenigen – Großstädte der Ebenen abstreifen. So klotzen sie mit gläsernen Bürotürmen und schmucken Einkaufsgalerien. Winnipeg gönnt sich erstklassige Museen. Calgary, die ölreiche heimliche Hauptstadt der Prärien, hat es mit den Olympischen Spielen 1988 sogar zu Weltbekanntheit gebracht. Und das eher behäbige Edmonton leistet sich die größte Shoppingmall der Welt – mit 800 Läden und Lokalen, mit einer Lagune samt echten U-Booten, gigantischem Erlebnis-Wellenbad, Erlebnis-Hotel und Erlebnis-Restaurants. Ein beliebtes Weekend-Ziel für die Präriefarmer aus der weiten Umgebung.

Urbanes Vergnügen müssen die Nachbarn weiter östlich in Ontario nicht lange suchen. Sie dürfen eine richtige Weltstadt ihr eigen nennen. Toronto, vor zwei Jahrhunderten nur ein winziger Pelzhandelsposten am Nordufer des Lake Ontario, stieg gar zur größten Stadt Kanadas auf, zum wirtschaftlichen Motor und kulturellen Nabel des ganzen Landes. Doch selbst eine solche Metropole verliert sich in der Weite Kanadas. Nur Südontario ist Zivilisationsland geworden, mit fruchtbaren Feldern und breiten Highways. Der waldreiche Norden ist ursprünglich wie einst.

Glitzerndes Wasser

Ontario, »glitzerndes Wasser« bedeutet der Name von Kanadas zweitgrößter Provinz in der Sprache der Irokesen. Gut gewählt: Zwischen 250 000 und 400 000 Seen gibt es in Ontario, je nachdem, ab welcher Größe man einen Teich als See bezeichnen will. Reichlich allemal. Ein Sechstel der gesamten Provinz – die immerhin dreimal größer ist als Deutschland – wird von Wasser bedeckt. Allein an den Great Lakes besitzt Ontario eine Küstenlinie von fast 4000 Kilometern, nicht zu vergessen die 1200 Kilometer echte Meeresküste hoch im Norden an der Hudson Bay. Gewaltige Dimensionen.

In Nordontario setzt sich der schon in Manitoba beginnende Kanadische Schild nach Osten fort. Wie ein gigantisches grün-blau-grau gesprenkeltes Hufeisen legt sich die Landschaft der von Urzeitgletschern abgehobelten Granitkuppen, der Wälder und Seenplatten um die Hudson Bay. Nur

Klar, dass im Cowboyland Alberta auch die Feste mit Pferden zu tun haben: Wie andere Orte Jahrmärkte haben, hat man hier Rodeos – und dann ist auch in sonst eher verschlafenen Nestern wie Hanna der Bulle los.

abgelegene Fishing Lodges findet man hier, nur einige Städtchen der Holzfäller oder der Miners. Das harte Urgestein birgt Gold- und Nickelvorkommen, die borealen Nadelwälder produzieren Zeitungspapier für New York und Tokio. Große Areale sind jedoch vor dem Zugriff der Zivilisation in Naturparks geschützt. Der Algonquin Park gilt als schönstes Revier der Kanufahrer, die Chapleau Game Reserve östlich des Lake Superior, Heimat für Elche, Biber und Millionen von Wasservögeln, ist sogar das größte Tierschutzgebiet der Welt, größer als jeder Wildpark in Afrika. Gut 2000 Kilometer weit erstreckt sich das Waldland allein in Ontario von Ost nach West. Im Westen endet die grüne Einsamkeit erst in Manitoba, nach Osten hin reicht der boreale Waldgürtel weiter hinüber nach Québec.

Ein Fest der Sinne

Szenenwechsel zurück in die große Stadt. Samstagmorgen in Toronto. Während es in der Börse an der Bay Street an diesem Tag ruhig bleibt und hinter den Glasfassaden des Finanzdistrikts nur die Putzkolonnen arbeiten, herrscht nebenan auf dem St. Lawrence Market geschäftiges Treiben. Schon seit drei Uhr morgens sind die aus weitem Umkreis angereisten Farmer dabei, ihre Stände aufzubauen. Das Resultat ist ein wahres Fest für die Sinne. Neben dicken Steaks türmen sich Pyramiden von saftigen Melonen. Gemüsebananen aus der Karibik hängen einträchtig neben ukrainischen und deutschen Würsten. In bunten Gläsern und Flaschen warten kanadischer Rapshonig und Ahornsirup auf Liebhaber. Eine Italo-Bäckerei verkauft duftendes Focaccia-Brot, im Stand nebenan gibt es über 30 Arten Reis aus aller Welt – auch Wildreis aus den Indianerreservaten Manitobas.

Der Markt im Herzen Torontos ist fast so alt wie die Stadt selbst. 1803, zehn Jahre nach der Gründung von Fort York, wie Toronto damals hieß, ließ ihn der englische Kolonialgouverneur einrichten. Genau 408 Einwohner hatte der Posten in der Waldwildnis am Lake Ontario damals. Heute sind es fast fünf Millionen. Und so vielfältig wie die Produkte des Marktes im Lauf der Zeit wurden, so haben sich auch die Menschen der Stadt gewandelt. Das verschlafene Pionierstädtchen, besiedelt von braven Untertanen des englischen Königs, hat sich zur lebenslustigen Metropole gemausert.

Toronto überflügelte sogar Montréal, wurde zur größten und mächtigsten Stadt Kanadas – mit der wichtigsten Börse, wenig Arbeitslosigkeit und hohem Lebensstandard. An Kultur mangelt es nicht: Für Musicals und Theater ist die Stadt nach New York das beste Ziel in Nordamerika. Museen wie die Art Gallery of Ontario mit ihrer einzigartigen Henry-Moore-Sammlung sind

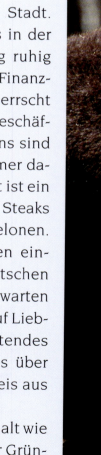

Mitte: Rund 30 Millionen Bisons sollen einst auf den weiten Ebenen Nordamerikas gelebt haben. Heute gibt es auf den Ranches und in Schutzgebieten wie dem Elk Island National Park nur noch kleinere Herden von einigen hundert Tieren.

ebenso zu finden wie ausgezeichnete Produktionen des Kanadischen Nationalballetts. Städtebaulich hat sich Toronto einiges einfallen lassen, um aufzufallen: Über der Downtown ragt der höchste freistehende Turm der Welt auf, der 553,3 Meter hohe CN-Tower. Damit nicht genug, Architekten von Weltruf modellierten die Skyline der Stadt: Der deutschstämmige Starbaumeister Ed Zeidler schuf den glasüberdachten Konsumtempel des Eaton Centre und das Hafenprojekt Queens Quay, der Spanier Santiago Calatrava entwarf den avantgardistischen BCE Place, einen zackigen Doppelturm der Hochfinanz.

Peter Ustinov sagte einmal, Toronto sei »wie New York, nur von Schweizern geführt«. Ein treffliches Epigramm, denn Toronto ist sauber, pünktlich, wohlhabend – mit einem Schuss Biederkeit. Noch in den 50er Jahren mussten die Geschäfte am Sonntag ihre Schaufenster verhängen, damit die Bürger nicht auf sündige Einkaufsgedanken kamen. Alkohol, Tanz und andere Vergnügen waren sonntags strikt untersagt. Es hat etwas gedauert, bis Toronto diesen Ruch protestantischer Langweiligkeit abschütteln konnte. Erst die neuen Einwandererwellen aus der Karibik und aus Asien haben den britischen Siedlerbrei peppig gewürzt und der Stadt kosmopolitisches Flair verliehen. Die bunte Szene an der Queen Street, in der Chinatown oder im noblen Shoppingviertel Yorktown kann sich heutzutage mit jeder Metropole der Welt messen. Im heißen Sommer – Toronto liegt immerhin auf der Höhe von Nizza – trifft man sich im Strandviertel The Beaches. Und ein Bummel entlang der restaurierten Harbourfront offenbart eine farbenfrohe Welt von Straßenkünstlern, weißen Segelbooten und genießenden Menschen.

Die kälteste Hauptstadt der Welt

Die vielfältige Siedlungskultur Ontarios erschöpft sich jedoch nicht in der Metropole Toronto. Südlich der Stadt liegt die Obst- und Weinregion der Niagara-Halbinsel, einige Fahrstunden östlich das urenglisch anmutende Kingston, etwas nördlich die elegante Bundeshauptstadt Ottawa mit ihren Nationalmuseen und gepflegten Diplomatenvierteln. Ottawa gilt als die kälteste Hauptstadt der Welt. Doch die Botschafter lassen sich gerne hierher versetzen, denn die Stadt bietet viel Lebensqualität: saubere Luft und sauberes Wasser, keine überraschenden Revolutionen oder Militärputsche, laut Pisa-Studie eine exzellente Erziehung für die Kinder und gute Naherholungsgebiete vor der Türe. Qualitäten, die auf praktisch alle Großstädte Kanadas zutreffen – weshalb die Metropolen Kanadas im alljährlichen Test der UNESCO für die lebenswertesten Städte der Welt immer auf den vordersten Plätzen liegen.

141

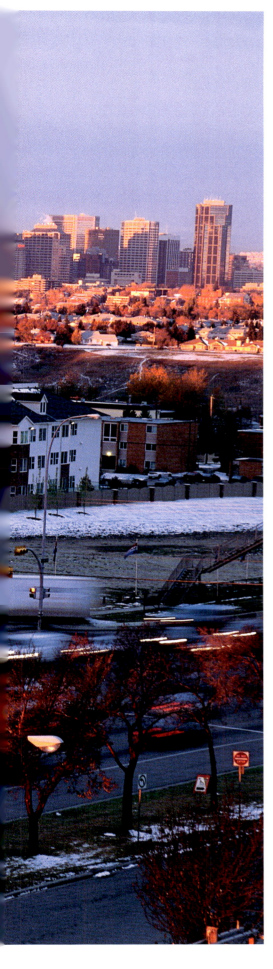

City Hall im Wandel der Zeiten: Das alte und das neue Rathaus von Calgary spiegeln die Wirtschaftskraft der Metropole wider. Verzierter Backstein-Stil zur Gründerzeit, kühle Glasfassaden heute.

Großes Bild: Boomtown der Prärien: Calgary wurde reich durch Rinder und Öl. Heute hat die Stadt rund eine Million Einwohner und wuchert mit immer neuen Vororten ins Umland – Platz ist hier in der Prärie reichlich.

Trotz weitläufiger Vororte ist die Innenstadt von Calgary recht kompakt und fußgängerfreundlich. Die Stephen Street Mall ist sogar Fußgängerzone, ungewöhnlich im Auto verrückten Nordamerika.

Ölfirmen, Banken, Energiehändler: Calgary ist der wichtigste Umschlagplatz für Strom und Öl in Kanada. Und die Geologen und Bohrfirmen aus Calgary verkaufen ihr Know-how in alle Welt.

143

Auch das ist Calgary: Die (ohnehin recht wenigen) Relikte der Pionierzeit werden im Heritage Park gepflegt. Das Freiluftmuseum bietet Besuchern auch Kutschtouren und Dampferfahrten.

Eine ganze Großfamilie der Blackfoot-Indianer lebte in einem Tipi – so erläutern es die Ausstellungen im Glenbow Museum von Calgary. Das Glenbow ist anerkannt das beste Western-Museum Kanadas.

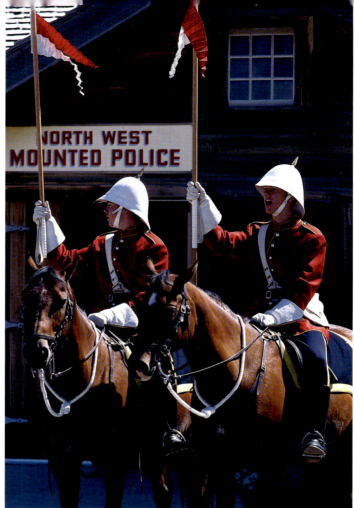

Fort MacLeod wurde 1874 als Posten der kanadischen North West Mounted Police gegründet, um den Whiskeyhandel mit den Indianern zu unterbinden. Heute ist das rekonstruierte Fort ein Museum, und im Sommer führen Studenten in historischen Kostümen die fotogenen Reiter-Formationen der »Mounties« vor.

So muss der Süden Albertas auch vor Jahrtausenden ausgesehen haben. Bisonherden, Steppengras, in der Ferne die Berge der Rockies. Eine Bisonzucht nahe dem Waterton Lakes National Park beschert diese Idylle.

Nur eine halbe Stunde Fahrt von der staubigen Steppe entfernt lockt der Cameron Lake mit kühlen Wanderwegen. Im Waterton Lakes National Park steigen die Rocky Mountains abrupt aus den Prärien auf.

Königliche Aussichten: Seit 1927 thront das Prince of Wales Hotel in beherrschender Lage über dem Upper Waterton Lake. Früher stiegen hier tatsächlich blaublütige Gäste ab, heute darf jeder den Blick aus der Bar genießen.

Farbenspiele in Stein: der Red Rock Canyon im Nordteil des Waterton Lakes National Park wird durch eisenhaltiges Gestein kräftig gefärbt. Schlichtweg Rost also.

Großes Bild:
Das Tal des Milk River im Südosten von Alberta bildet einen tiefen Einschnitt in der ansonsten völlig flachen Prärie. Die grüne Oase des Flusstales galt den Indianern der Region als gutes Camp.

Kleine Bilder:
In den Sandsteinklippen am Milk River hinterließen Generationen von Shoshoni- und Blackfoot-Indianern mystische Ritzzeichnungen. Der Writing-on-Stone Provincial Park bewahrt diese einzigartigen Zeugnisse der nomadischen Stämme – und die Tier- und Pflanzenwelt der Region wie etwa diese Bull Snake (unten).

Linke Seite: Die Rancher im Süden Albertas bei Pincher Creek müssen im Laufe eines Sommers viel Staub schlucken. Nur wenige der schnurgeraden Straßen im Hinterland, die den Vermessungslinien folgen, sind geteert.

Viel Wind bei Pincher Creek: Die Ölprovinz Alberta experimentiert auch mit alternativen Energien. Der starke Chinook-Fallwind am Ostrand der Rocky Mountains treibt mehrere große Windfarmen an.

Wasser für Rinder und Felder: In großen Stauseen wird bei Pincher Creek im Frühjahr das Schmelzwasser aus den Bergen aufgefangen. Im trockenen Sommer gibt das Reservoir das kostbare Nass dann wieder ab.

Schwarze Angus-Rinder sind das lebende Gold der Rancher in Süd-Alberta. Milchwirtschaft gibt es kaum. Meist werden die Jungtiere hier aufgezogen und dann zur endgültigen Mast in die USA verkauft.

War die Scheune leer und das Geschäft gut, dann konnte man feiern. So entstanden die »Barn dances« wie hier bei Hillsprings in Süd-Alberta, die auch heute bei den Kanadiern der Prärien sehr beliebt sind.

Rodeo-Reiten will geübt sein. Die Cowboys der Lucasia Ranch im Süden Albertas zeigen wie es geht. Die beliebtesten und schwierigsten Disziplinen sind Stier-Ringen und Bronco-Reiten. Acht Sekunden muss sich der Reiter beim Rodeo auf dem wild buckelnden Pferd halten – und dazu noch eine gute Figur machen.

Über Jahrtausende hat die Erosion des Red Deer River bizarre Klippen aus dem weichen Grundgestein der Prärie modelliert. Bei Drumheller sind tiefe Schluchten wie der Horseshoe Canyon entstanden.

Kein Strauch, kein Baum in Sicht: In der Prärie Ost-Albertas bei Oyen ist auch ein Campingplatz schutzlos den Elementen ausgeliefert. Wind und harsches Winterklima lassen hier keine Bäume wachsen.

Flurbereinigung auf kanadisch: Trockenheit, harte Winter und Schwankungen der Weltmarktpreise bestimmen die Schicksale der Farmen und Ranches. Wie hier bei Mountain View in Alberta sind längst nicht alle Erfolgsstories.

Die Prärien sind Kanadas Herzland. Hier wurden Generationen von Pionierkindern aufgezogen, die nächsten Nachbarn eine Stunde Fußmarsch entfernt. Das prägt – und macht offen für Neues.

Seite 156/157: Ein Powwow-Camp am Head-Smashed-In Buffalo Jump, einem uralten Jagdplatz der Blackfoot-Indianer. Nahezu in jedem Reservat der Prärien findet mindestens einmal im Sommer solch ein Tanzfest statt.

Wenn im Sommer die Trommeln zum Powwow rufen, dann reisen die geschmückten Tänzer von weither an. Zwei oder drei Tage lang wird wie hier in Kainai, Alberta getanzt und gefeiert – ein höchst wichtiges Ereignis im Jahreslauf. Auf die besten Tanzgruppen warten Prämien und viel Ehre.

Ganz links:
Die Powwow-Kostüme werden mit Rehhufen, Adlerfedern und Stachelschweinborsten verziert. Von allen Indianern Nordamerikas haben Prärie-Stämme wie die Blackfoot die aufwändigsten Kostüme.

Links:
Pause beim Powwow: Flaggen, Symbole und zeremonieller Schmuck spielen eine wichtige Rolle. Bis heute zeigen verblüffend viele kanadische Indianer auch eine starke Loyalität zur britischen Krone.

Einzug auf die Tanzfläche beim Powwow: Wie hier im Kainai Blood Reservat von Süd-Alberta führen der Häuptling und die Mitglieder des Stammes-Council die Parade in vollem Federschmuck an.

Linke Seite: »Kathedralen der Prärie« werden sie gerne genannt, die Kornspeicher, die überall an den Bahnlinien stehen und in der brettebenen Prärie schon aus weiter Entfernung zu sehen sind.

Kein Nachbarhaus in Sicht: Farmen in Saskatchewan sind riesig. Im Durchschnitt gehören einem Weizenbauern 520 Hektar Land – denn nur in dieser Größe macht der industrielle Anbau Sinn.

Die Prärien haben Platz – auch für alternative Lebensstile wie den der Arm River Hutterer-Kolonie in Saskatchewan. Seit über hundert Jahren pflegen die Anhänger dieser Wiedertäufer-Sekte hier kommunales Leben.

Mennoniten – Leben wie die Urgroßeltern

Viehauktion in St. Jacobs, einem Farmerstädtchen im Herzen Ontarios. Es ist spät am Vormittag. Ernst blickende bärtige Männer mit schwarzen Schlapphüten füllen die Ränge der kleinen Auktionshalle. Sie tragen dunkle wollene Umhänge, Leinenhosen, klobige Lederschuhe. Ihre ganze Kleidung wirkt altmodisch, mit Knöpfen statt Reißverschlüssen, alles in schwarz und völlig schmucklos. Frauen sind nicht zu sehen, denn Viehauktion ist Sache der Mannsleute bei den Mennoniten. Unter den Mitgliedern der altdeutschen Sekte, die seit gut 200 Jahren in Kanada ein Refugium gefunden hat, sind die Rollen in der Familie klar abgegrenzt – wie zu Großvaters Zeiten.

Unten: Mennonitische Kinder können auf eine unschuldige Kindheit bauen. Keine Fernseher zeigen ihnen Kriege und Gewalt, Walkman und Playstation sind unbekannt – als Unterhaltung bleibt nur Ballspielen.

Alle paar Minuten werden Gruppen von Kälbern und Stieren in die staubige kleine Auktionsarena getrieben. Dann kommt Bewegung in die Reihen. Köpfe recken sich, mit kurzen Handzeichen werden Gebote abgegeben. Walter Friesen ist einer der Schlapphüte. Zwei Stiere

Rechts: Im Frühjahr zu Pferde: Die Bestellung der Felder mit Pferden mag altmodisch aussehen, doch die Mennoniten sind als Farmer höchst erfolgreich. Seit Jahrhunderten praktizieren sie Öko-Anbau.

hat er heute ersteigert. Nächste Woche wird geschlachtet, und Walter wird mit seiner Familie »Summer Sausages« wursten. Die gut gewürzten Salami-Stangen werden dann wie die Marmelade, die seine Frau einkocht, auf dem Markt von Kitchener zum Verkauf kommen. Mennoniten sind fleißige, gute Bauern. Eigentlich sogar Bio-Bauern, denn auf die Idee, Chemie auf den Feldern oder industrielles Futter in den Ställen zu verwenden, würden Walter und seine Glaubensgenossen nie kommen. Ihre Hühner laufen frei, ihre Stiere weiden im Grünen.

Die wahren Werte des Lebens

Die Region um Kitchener, knapp zwei Stunden Fahrt westlich von Toronto, ist das Kernland des mennonitischen Siedlungsgebietes in Kanada. Orte wie New Heidelberg gibt es hier, oder Wallenstein. Kitchener selbst hieß bis zum Ersten Weltkrieg noch Berlin – dann wurde es britisch-patriotisch umbenannt. Das idyllische Farmland ringsum hat sich nicht verändert. Mais und Gemüse werden angebaut, auf den Feldern pflügen die Bauern mit Ochsen- oder Pferdegespannen, auf den Landstraßen fahren die schwarzen Kutschen der »Old order mennonites«, die Autos und andere moderne Errungenschaften als Teufelszeug ablehnen. Elektrischer Strom, Telefon und Fernsehen sind ihnen nur neumodischer Tand, der von den wahren Werten des Lebens ablenkt. Ein einfaches, gottesfürchtiges Leben ist ihr Ziel – genau so wie das ihrer Väter, Großväter und Urgroßväter.

Rund 300 000 Mennoniten gibt es in Kanada. Nicht alle sind sie so ultrakonservativ wie die Old-order-Fraktion. Es gibt gemäßigte und ganz moderne Mennoniten, jede Gruppe mit eigenen Regeln und stark unterschiedlichen Lebensweisen: Manche fahren Autos, manche nur Autos in schwarzer Farbe und ohne Chrom, denn aller Schmuck ist verwerflicher Tand. Längst leben sie nicht mehr nur um Kitchener, sondern sind auch in den Prärien und an der Westküste weit verbreitet.

Allen Mennoniten gemeinsam ist jedoch ihre Herkunft und ihr Glaube. Ihren Namen bekamen sie vom Sektengründer Menno Simons aus Hilversum in Holland. Wie die in großen Kommunen lebenden Herrnhuter Brüder, die »Hutterites« im Westen Kanadas, oder die Amish in

Pennsylvania entstand die Bewegung während der Reformation im Europa des 16. Jahrhunderts. Die neuen Sekten wollten im Gegensatz zur katholischen Staatskirche ein einfacheres, strikt auf die Bibel beschränktes Leben führen. Sie waren Anabaptisten, Wiedertäufer, die sich erst als Erwachsene bewusst für ihren Glauben entschieden. Zudem waren sie bekennende Pazifisten, die Krieg und jede Gewalt als unchristlich ansahen – was ihnen im mittelalterlichen Europa bei Königen und Landherren viele Schwierigkeiten und Verfolgung einbrachte.

Auf der Suche nach friedlichem Leben wanderten schon im 17. Jahrhundert die ersten Mennoniten aus der Pfalz, dem Unterrhein und aus Holland nach Polen aus, danach weiter nach Russland und die Ukraine, wo ihnen Katharina die Große freies Land und die Befreiung vom Wehrdienst versprach. Einige wanderten damals schon nach Pennsylvania aus und zogen von dort um 1780 weiter nach Kanada in die Region des heutigen Kitchener. Weitere Wellen von Auswanderern folgten ab 1820 und bis ins 20. Jahrhundert hinein nach. Die Jahre der Wanderungen und Verfolgung schweißten die Gemeinschaft der Mennoniten zusammen. Strikt wurde und wird vor allem in den Oldorder-Vereinigung nur innerhalb der Gemeinde geheiratet. Das Ziel blieb immer, den alten bäuerlichen Lebensstil möglichst unverändert beizubehalten, alle Einflüsse der Außenwelt fern zu halten. In den Weiten Kanadas konnten sie ihr Ideal verwirklichen und das Leben ihrer Vorväter fortführen. Geblieben ist ihnen auch ihre altdeutsche Sprache: Plautdietsch heißt sie, und in ihr betet Walter Friesen wie sein Großvater das Vaterunser:

Uns Vadder, de is in Himmel. Heiliget is dien Naam. Dien Riek sall komen. Dien Will doch doon, up Welt as dat is in Himmel. Gäw uns dis Dag uns dagliks Brod. Un vergäv uns uns Schuld, as wi vergäven uns Schuldners. Un bring uns nich in Versuchung. Aber spaar uns van de Übel. Denn dien is dat Riek un de Kraft un de Herrlichkeit in Ewigkeit – Amen!

Autos sind Teufelswerk: Die »Old Order Mennonites« lehnen alle modernen Errungenschaften ab, sie fahren keine Autos, nutzen keinen elektrischen Strom und tragen nur schwarze Kleidung.

Mitte:
Kein Schmuck, kein Tand – Mennoniten leben einfach und gottesfürchtig. Die Mennoniten-Familie Bauman vor ihrem Haus nahe dem Örtchen Wallenstein. Hier, in der Region um Kitchener ist das Herzland der Mennoniten in Kanada.

Am Tag des Herrn wird nicht gearbeitet und die Mennoniten gehen – Männer und Frauen strikt getrennt – in ihre Gebetshäuser. Die Andachten dauern oft fünf oder sechs Stunden.

Die meisten der tief religiösen Hutterer, die um 1870 von Deutschland nach Kanada auswanderten, siedelten in den Prärien. Ihre Nachfahren leben bis heute auf kommunalen Bruderhöfen und treiben Ackerbau wie ihre Vorväter.

Ein paar weltliche Freuden dürfen sich die jungen Hutterer gönnen: Soft-Eis steht ganz oben auf der Liste wie die Mädchen vor dem Imbissladen in Lumsden, Saskatchewan, zeigen.

Betet und mehret Euch: die Hutterer nehmen die Bibel ganz wörtlich. Fünf bis acht Kinder sind normal in Bruderhöfen der Hutterer wie hier in der Arm River Colony in Saskatchewan.

Bei der Kartoffelernte helfen sämtliche Mitglieder einer Hutterer-Kolonie zusammen. Im Haus, bei der Aussaat und in den Ställen haben sie jedoch genau festgelegte tägliche Aufgaben.

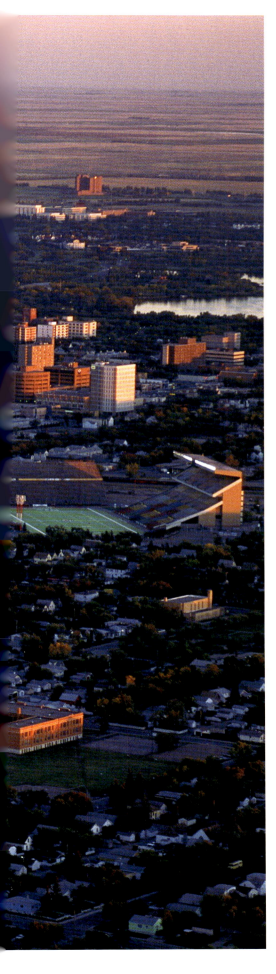

Großes Bild: Urbane Oase im Meer der Weizenhalme: Regina, die Hauptstadt von Saskatchewan, wurde 1882 als Bahnstation gegründet. Doch erst die Einwanderungswelle um 1910 ließ die Stadt aufblühen.

Bootstour durch die Prärie: Manitoba wird geprägt von riesigen eiszeitlichen Seenplatten. Da geizt auch die Metropole Winnipeg am Zusammenfluss von Assiniboine und Red River nicht mit Ausblicken aufs Wasser.

Das Wandgemälde in Moose Jaw, Saskatchewan, erinnert an die Pionierzeit des Landes.

Wahrzeichen der Prärien sind die gewaltigen Kornspeicher. Mit der Eisenbahn wird das Getreide von Indian Head, Saskatchewan, nach Vancouver oder Churchill weitergeleitet.

Seite 168/169:
Indian Summer im Algonquin Park:
Zur Zeit der Blätterfärbung im Herbst ist die Seenlandschaft nördlich von Toronto ein wahres Fest für die Sinne. Jede Baumart hat eigene Farben – und es gibt allein zehn Ahorn-Arten.

Futter für die Wanderer: Zu Hunderttausenden ziehen im Spätsommer die Wildgänse gen Süden. Der Oak Hammock Marsh bei Winnipeg und ringsum die abgeernteten Felder sind wichtige Pausenplätze für Kanadagänse.

Ontario ist Kanuland voller Seenketten und langsam fließender Flüsse. Von Port Severn nördlich von Toronto könnte man wie einst die Pelzhändler bis zu den Rockies oder zur Hudson Bay paddeln.

Die riesigen Seengebiete im Norden Manitobas sind ein Mekka für Angler. Doch Highways gibt es nicht. So bleibt nur das Wasserflugzeug, das die Petrijünger zu den rustikalen Blockhütten-Lodges in die Wildnis fliegt.

Hier klingelt kein Postmann: In allen ländlichen Regionen müssen die Kanadier die Post selbst an der nächsten Hauptstraße abholen. Die täglichen Entfernungen wären für den Briefträger schlicht zu groß.

Old Fort Henry in Kingston wurde im Krieg gegen die USA 1812 als Befestigung des St.-Lorenz-Stromes gebaut. Heute marschieren in der zum Freiluftmuseum restaurierten Festung während des Sommers Studenten.

Großes Bild: Bei Midland, Ontario wurde die Jesuiten-Mission im Lande der Huronen-Indianer wieder aufgebaut. Als Freiluftmuseum Sainte-Marie-among-the-Hurons illustriert die Anlage nun die frühe Zeit der Franzosen in Kanada.

Kanada wurde per Kanu erschlossen. Das Canadian Canoe Museum in Peterborough, Ontario, zollt diesem einst wichtigsten Verkehrsmittel Tribut und zeigt mehr als 600 Kanus von den Pionierzeiten bis heute.

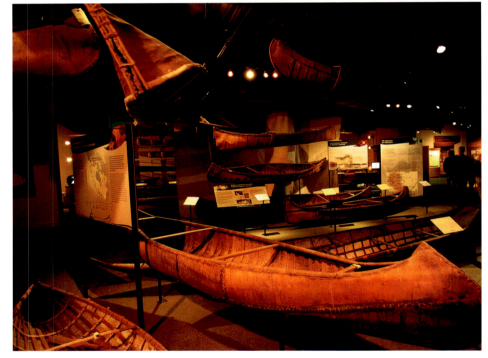

Das Leben der englischen Siedler am St.-Lorenz-Strom ist das Thema des Museumsdorfes Upper Canada Village. Rund 35 Häuser aus der Zeit um 1800 wurden restauriert und originalgetreu eingerichtet.

Linke Seite: Toronto, Kanadas Metropole der Superlative: mit 5 Millionen Menschen die größte Stadt des Landes, dazu der höchste Turm der Welt, der 553 Meter hohe CN-Tower. Toronto ist auch die Großstadt mit der weltweit besten Luftqualität.

Bei klarem Wetter reicht der Rundblick des Fensterputzers am Restaurant des CN Towers in Toronto 120 Kilometer weit. Die Scheiben werden hier in 335 Meter Höhe geputzt, der Turm hat jedoch eine Gesamthöhe von 553 Meter.

Von Queens Quay an der Harbour Front in Toronto fahren die Ausflugsschiffe und Fähren zu den vorgelagerten Inseln.

Urbane Kontraste in Toronto Das stattliche Gooderham Building aus viktorianischen Zeiten wirkt winzig vor den Doppeltürmen des BCE Palace, den neuen architektonischen Höhepunkten der Skyline.

Ganz links: Das Finanzviertel von Toronto um die Bay Street ist das wirtschaftliche Herz Kanadas: Hier sind die Hauptquartiere der großen Banken, die Toronto Stock Exchange und alle großen Finanzfirmen angesiedelt.

Kann man bei einer 150 Jahre alten Stadt von Altstadt sprechen? Das Viertel um den Byward Market in Ottawa erfüllt die Kriterien: alte Gemäuer, nett restauriert mit Restaurants, Kneipen, Boutiquen und einem großen Markt.

Auf elf Kilometern Länge wird der Rideau Canal jeden Winter zur längsten Eislaufbahn Kanadas. Im Februar wird bei Temperaturen von oft minus 20 Grad hier ein großes Fest mit Eisskulpturen, Punsch und Paraden gefeiert.

Niagara Falls: ein atemberaubendes – und sehr feuchtes – Naturschauspiel für die Bootsfahrer auf der »Maid of the Mist«. Doch von unten sind die Fälle noch eindrucksvoller und lauter als von den Aussichtspunkten oben.

Großes Bild: Donnerndes Wasser war der indianische Name für die Niagara-Fälle. Rund 150 Millionen Liter Wasser stürzen pro Minute über die gut 670 Meter breite Abbruchkante der Horseshoe Falls auf der kanadischen Seite der Fälle.

Egal wie die Sonne steht – ein Regenbogen scheint aus der Gischt der Horseshoe Falls fast immer herauf. Vielleicht kommen auch deshalb so viele Flitterwöchner an die Niagara-Fälle – Regenbögen bringen Glück.

Seit der letzten Eiszeit nagt der Niagara River an der Geländestufe des Niagara Escarpment. Bis heute hat er sich mehr als elf Kilometer in das weiche Gestein gefressen.

Québec – Savoir Vivre in der Neuen Welt

Herbst in den Laurentischen Bergen: Im Parc Jacques-Cartier, einer hügeligen Seenregion nördlich von Québec City, erglühen die Laubwälder Anfang Oktober im Farbenrausch des Indian Summer.

Québec – Savoir Vivre in der Neuen Welt

Der Übergang ist abrupt. Wer in Ottawa über eine der Brücken fährt oder von Kingston aus dem St. Lorenz stromabwärts folgt, findet sich urplötzlich in einer anderen Welt, in einer anderen Kultur wieder. »Bonjour« grüßen die Schilder an der Straße, die Ausfahrten heißen jetzt »sortie« und die Imbissbuden »casse-croute«. Große, spitztürmige katholische Kirchen ragen über den Dörfern am Fluss auf, die Häuser sind anders, nicht verschnörkelt viktorianisch wie in Ontario, die Menschen wirken zierlicher, südländischer.

Québec, Kanadas größte Provinz, ist eine Enklave französischer Lebensart und Sprache im sonst völlig englisch geprägten Nordamerika. Doch diese Enklave legte den Grundstein für das heutige Kanada. Schon 1635 – lange vor den Engländern – segelte der Franzose Jacques Cartier auf dem St. Lorenz stromaufwärts in das Reich der Irokesen und Huronen. Pelzhändler, Fischer und Siedler folgten. Im Jahr 1608 gründete Samuel de Champlain Québec City, wenig später siedelten die ersten Franzosen an der Stelle der heutigen Millionenstadt Montréal. Schon bald schlängelte sich am Nordufer des Stromes die erste Straße Kanadas entlang, der »Chemin du Roi«, der Königsweg. In Dörfern wie Deschambault oder Beauport sieht man noch die oft bretonisch oder normannisch anmutenden Häuser jener frühen Siedler.

Der Strom, der Geschichte schrieb

Das Tal des St. Lorenz wurde zur Keimzelle der europäischen Zivilisation in der Neuen Welt. In Québec City, der Hauptstadt, regierte der königliche Gouverneur, doch Montréal wurde zur Handelszentrale für das riesige pelzreiche Hinterland. Die »Coureurs du bois«, die Waldläufer, erkundeten die Wildnis und drangen bis zu den fernen Rocky Mountains vor; die »Voyageurs«, die legendären frankokanadischen Paddler, schafften die Felle in oft monatelangen Fahrten nach Montréal. Ihre Transportmittel: die nach indianischem Vorbild gebauten Kanus aus Birkenrinde. Ihre Verkehrswege: das Netz der Seen und Seitenflüsse des St. Lorenz – der Strom, der Geschichte schrieb.

Wie kein anderer Wasserweg bestimmt der St. Lorenz die Topographie und die Wirtschaft Ostkanadas. Ruhig und mächtig strömt er aus den Großen Seen 1200 Kilometer ostwärts zum Atlantik. Den überwiegenden Teil davon durch Québec. 90 Prozent der gut sieben Millionen Einwohner der Provinz leben im Tal des St. Lorenz. Er ist die Lebensader für Wirtschaft und Verkehr. Auf dem Strom stampfen die großen Containerschiffe bis Montréal, und über die Kanäle und Schleusen des St. Lawrence Seaway können die Frachter noch weiter auf die Großen Seen vordringen, 3000 Kilometer weit bis nach Thunder Bay am Lake Superior.

Kalte Schönheit: Alljährlich zum Carnaval wird in Québec City ein Eispalast errichtet. Die Kälte ist für die Québecer kein Thema: Es gibt Paraden, Wettbewerbe im Eisschnitzen, ein Kanurennen – und viel Caribou, hochprozentigen Rotweinpunsch.

Das Herz Frankokanadas aber schlägt am Unterlauf des St. Lorenz. Montréal atmet pralle Lebensfreude wie keine andere City in Kanada. Hier ist das gallische Temperament unverkennbar. Im Mai, nach dem langen Winter, zieht es die Menschen ins Freie, sie diskutieren in Bistros, flanieren vorüber an den Straßencafés und Boutiquen am Place Jacques-Cartier in der Altstadt, an der Rue Ste-Catherine oder der Rue St-Denis im Studentenviertel, das im Ambiente dem Pariser Quartier-Latin schon recht nahe kommt. Man zeigt sich modebewusst, feiert multikulturelle Straßenfeste, zelebriert französische und Québecer Cuisine. Sogar abends drängeln sich – ganz untypisch für eine nordamerikanische Metropole – in der Innenstadt die Menschen.

Zweigeteilte Stadt

Der Ostteil der auf einer großen Insel im St. Lorenz gelegenen Stadt gehört den Franzosen, der Westen ist traditionell das Siedlungsgebiet der Anglos. Zwei Welten, zwei Kulturen, die sich ständig streiten, sich aber auch befruchten. Dazwischen liegt, das kunterbunte Mosaik der Einwandererviertel. Entlang des Boulevard St-Laurent reihen sich portugiesische Märkte, ukrainische Metzgereien, vietnamesische und griechische Restaurants sowie jüdische Delikatessenläden.

Draußen, im weiten Hinterland der Provinz, wird es schnell einsamer: Am Südufer des St. Lorenz liegen noch Farmen und jene großen Ahornwälder, aus denen im Spätwinter der berühmte Sirup gezapft wird. Weiter nördlich erstreckt sich das wilde Québec – immerhin vier Fünftel der Landfläche der Provinz. Hier enden alle Straßen im grünen Nichts. Dies ist das fast menschenleere Land des Kanadischen Schildes, jener Urlandschaft aus Granitfelsen, endlosen Wäldern und ungezählten Seen, die sich bis zur Hudson Bay und Ungava Bay im hohen Norden hinziehen.

Doch die Provinz besitzt noch ein zweites Zentrum der Zivilisation weiter östlich am St. Lorenz: Québec City, die Hauptstadt Frankokanadas. Mehr noch als Montréal ist Québec City ein Kind der alten Mutter Frankreich. Stadtmauern und verwinkelte Gassen, Türme und Kathedralen – der spätmittelalterliche Stadtkern wirkt wie ein Rothenburg Kanadas. Fotogene Idylle. Doch in Québec City wird auch Politik gemacht. Hier sind die Separatisten Kanadas zu Hause. Kein Wunder, denn auf den »Plaines du Abraham« vor den Stadtmauern Québecs entschied sich 1759 das Schicksal Frankokanadas: In einer nur 20-minütigen Schlacht besiegten die Engländer die französischen Verteidiger der Stadt. Kanada wurde britisch. Eine schmachvolle Niederlage, mit der aus Sicht der Separatisten der Niedergang der französischen Kultur Québecs begann. Umso mehr kämpfen sie darum, ihre Sprache und Kultur zu erhalten. Sogar die Autoschilder der Provinz werben für den Erhalt dieses Erbes. Auf ihnen steht als Motto: »Je me souviens«, ich erinnere mich.

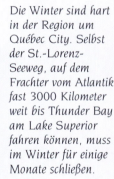

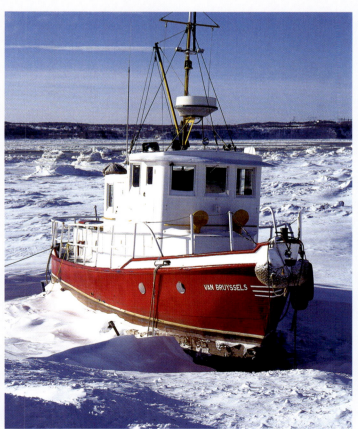

Die Winter sind hart in der Region um Québec City. Selbst der St.-Lorenz-Seeweg, auf dem Frachter vom Atlantik fast 3000 Kilometer weit bis Thunder Bay am Lake Superior fahren können, muss im Winter für einige Monate schließen.

Seite 184/185: Montréal, Metropole mit französischem Flair: Die Aussichtsplattform auf dem Mont Royal, dem Namensgeber der Stadt, blickt weit über das Tiefland des St.-Lorenz-Stroms und die modernen Bürotürme der Innenstadt.

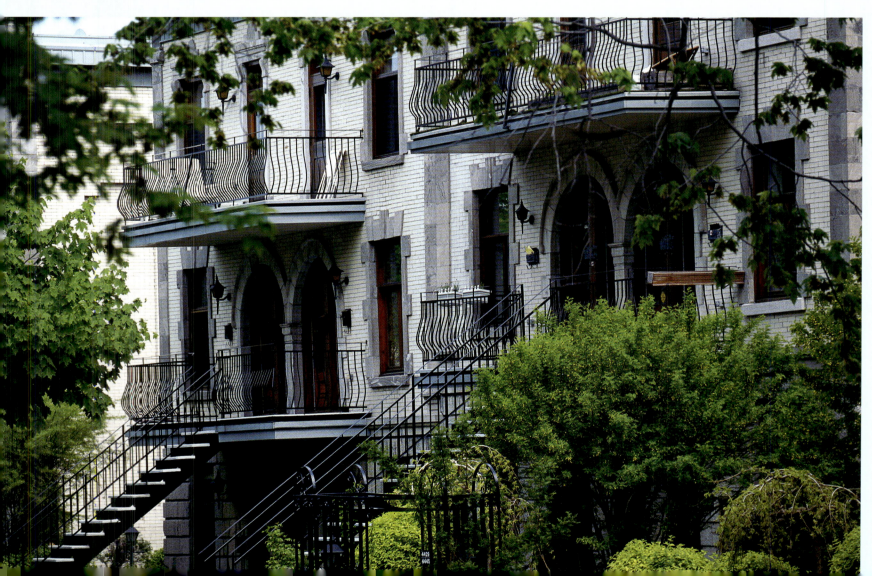

Linke Seite oben: Kunst am Bau: drängeliges Stadtgetümmel, verewigt in Raymond Masons Skulptur »La Foule Illuminée« vor der Banque Nationale de Paris im Geschäftsviertel Montréals.

Ganz links: Montréal einst und heute: Die Christ Church Cathedral von 1859 blieb als historische Enklave im Herzen des Geschäftsviertels erhalten. Darüber erhebt sich der postmoderne Shopping- und Bürokomplex Place de la Cathedrale.

Links: Das Viertel Plateau Mont Royal ist die Heimat der orthodoxen Juden in Montréal – und die Bagels aus der Boulangerie St. Viateur sind, so heißt es, die besten in ganz Kanada.

Linke Seite unten: Typisch Montréaler Bauweise: Die Bürgerhäuser aus der Gründerzeit im Viertel Plateau Mont Royal wurden in mehrere Apartments aufgeteilt. Doch jede Partei bekam einen eigenen Eingang, daher die vielen Treppen.

Hier haben sich schon die alten Kanadier wohl gefühlt: Das Haus des Restaurant »Aux Anciens Canadiens« in Québecs Altstadt wurde bereits 1675 erbaut. Drinnen werden Québecer Spezialitäten wie die Fleischpastete Tourtière serviert.

Großes Bild: »kebec«, Verengung des Wassers, nannten die Algonkin-Indianer das Kap am St.-Lorenz-Strom. An dieser strategisch perfekten Stelle gründete Samuel de Champlain 1608 den ersten französischen Pelzhandelsposten – das heutige Québec City.

Mittelalterliches Mauerwerk: Die Rue Saint-Louis in der Haute-Ville von Québec City wurde bereits im 17. Jahrhundert angelegt. Für Kanada ist das schon sehr alt.

In der Eis-Bar an der Grande Allée in Québec City ist es kein Problem den Drink kalt zu halten. Während des Carnavals kann man sich hier drinnen bei minus zwei Grad aufwärmen – draußen ist es viel kälter.

Kutschfahrten, Hundeschlitten-Touren, Rodeln – die Québecer haben sich mit ihrem bitterkalten Winter gut arrangiert. Und alle sind mit Begeisterung dabei. Nur das alljährliche, ziemlich verrückte Kanurennen zum Carnaval über den halb gefrorenen St. Lorenz bleibt den Profis vorbehalten.

Viele winterliche Sportarten kommen aus Kanada: Tobogganing, Fahrten auf kufenlosen Schlitten, kannten schon die Indianer, Schneemobile wurden sogar in Québec erfunden. Neu und ebenfalls sehr beliebt: »Schnee-Rafting« mit großen Schlauchbooten. Und der Wettbewerb im Schnitzen von Schneeskulpturen steht beim Carnaval de Québec im Februar immer ganz weit oben in der Zuschauergunst.

Das größte Blockhaus der Welt: Das Château Montebello am Ufer des Ottawa River wurde 1930 als exklusiver Politiker-Club erbaut. Heute gehört es als Luxushotel zur kanadischen Fairmont-Kette.

Im Foyer des Fairmont Château Montebello werden die Dimensionen des Holzbaus deutlich: Rund 10 000 Cedar-Stämme, per Bahn von der Westküste geholt, wurden für den Bau gebraucht.

Eisfischen ist die große Passion der Québecer: Auf Flüssen wie dem Rivière Sainte-Anne-de-la-Perade entstehen im Winter ganze Dörfer aus Holzhütten und Zelten. Und manche Angler verbringen buchstäblich Wochen auf dem Eis.

Petriheil: Angelruten sind unnötig beim Eisfischen auf dem Rivière Sainte-Anne-de-la-Perade. Unter dem Boden der Hütte wird ein Loch in das bis zu einem Meter dicke Eis gebohrt und ein Haken mit Köder abgelassen – fertig.

Rechte Seite: Kälteeinbrüche aus dem Norden lassen zu Herbstbeginn über Nacht die Temperaturen absinken. Dann verfärben sich wie hier am Lac Supérieur innerhalb weniger Tage die vielen Arten von Laubbäumen zum prachtvollen Indian Summer.

Gut 80 Prozent der Provinz Québec – eine Fläche dreimal so groß wie Deutschland – ist noch völlig unerschlossen. Kein Weg, keine Straße. Viele der Seen in den Laurentischen Bergen sind wie der gesamte Norden ausschließlich durch die Luft zu erreichen.

Wilde Wälder, stille Seen: Kanufahren ist nationales Freizeitvergnügen in Kanada und der Rivière du Diable in den Laurentischen Bergen ideal dafür. Verirren kann man sich hier nicht: Alle Flüsse münden in den St.-Lorenz-Strom.

194

*Großes Bild:
Das Blut des Großen
Bären: Nach einer
indianischen Sage
stellt jeden Herbst der
Himmlische Jäger dem
Großen Bären nach.
Wenn er ihn schließ-
ich erlegt, tropft das
Blut des Bären feuer-
rot auf die Erde und
färbt die Bäume.*

*Kleine Bilder:
Herbst in den
Laurentides: Blaue
Seen und flammend
rote Berghänge lok-
ken an Wochenen-
den viele leaf-peeper,
»Blättergucker« aus
dem nahen Montréal
ins Ferienstädtchen
Mont Tremblant
(oben). Im Winter
wird der gleichna-mige
Berg über dem Ort
zum beliebten
Skirevier.*

*Seite 198/199
Ein neuer Tag in
der Neuen Welt:
Der Fels von Percé,
ein 90 Meter hoher
Monolith, begrüßt die
Sonne. Hier an der
Ostspitze der Gaspé-
Halbinsel betrat
Jacques Cartier 1535
zum erstenmal das
kanadische Festland
und nahm es für
Frankreich in Besitz.*

Atlantikküste – Hummer, Strände, hohe Klippen

Fotogenes Ausflugsziel: Peggy's Cove bei Halifax in Nova Scotia. Auf schieren Granitfelsen, glatt gehämmert von der Macht der Wellen, thront der Leuchtturm des alten Fischerortes über dem Atlantik.

Atlantikküste – Hummer, Strände, hohe Klippen

Es war exakt 17.52 Uhr, als Charles Lindbergh am Abend des 20. Mai 1927 die Südküste von Neufundland erreichte. Kurz darauf passierte er Cape Spear, das östlichste Zipfelchen Nordamerikas, und steuerte hinaus auf den offenen Atlantik. Lindbergh war auf dem Weg nach Paris. Er sollte der erste Mensch werden, der ohne Stopp mit einem Flugzeug von Amerika nach Europa gelangte. Alleine noch dazu. Gut 33 Stunden brauchte er für den historischen Flug, der ihm Unsterblichkeit in der Geschichte der Fliegerei garantierte.

Lindbergh nahm die Route von New York über die »Maritimes«, wie die Ostprovinzen Kanadas heißen, weil er hier noch die längste Strecke über Land fliegen konnte. In Neufundland und den Atlantikprovinzen Kanadas ist die Alte Welt der Neuen am nächsten. Geografisch wie auch in Kultur und Lebensart. Die Westküste Irlands liegt näher zu Neufundland als Winnipeg in der Mitte Kanadas – was recht eindrucksvoll die gewaltige Ausdehnung des Landes illustriert.

»The Rock« nennen die rund 500 000 Newfoundlanders ihre Inselheimat kurz und treffend. Es ist ein wildes, karges, nur an den Rändern erschlossenes Land. Ackerbau ist kaum möglich, und so sind sie Fischer geworden, die Neufundländer. Seit mehr als vier Jahrhunderten bestimmt der Fang von Dorsch und Schellfisch das Leben der Menschen in den kleinen Hafenorten entlang der zerklüfteten Küsten. Ziel der Trawler, Longliner und anderen Fangboote sind die Grand Banks, jene legendären Fischgründe auf dem Festlandschelf südlich der Insel. Doch der Dorsch ist seit etwa 1990 ausgeblieben. Überfischt, von den Neufundländern selbst und von den großen Fangflotten aus Spanien, Russland und Korea. So herrscht Arbeitslosigkeit in vielen der Hafenorten.

Das Land Kains

Am wirtschaftlichen Notstand können die wilden Naturschönheiten der Insel wenig ändern, die grünen Hügel und blauen Buchten des Terra Nova National Park, die von Vogelkolonien gekrönten Steilklippen der Südküste oder die uralten, von Gletschern abgehobelten Berge im Westen. Ganz zu schweigen von der herben Natur Labradors im Norden, das politisch zur Provinz Neufundland zählt. »Nur wilde Tier können hier leben, dies muss das Land sein, das Gott dem Kain gab« schrieb Jacques Cartier, der hier 1534 entlang der Südküste segelte. Bis heute ist Labrador eine arktische Urwelt geblieben, praktisch unerschlossen bis auf einige Bergwerke und Staudämme. Die wenigen Siedlungen schrumpfen mit dem Rückgang der Fischerei von Jahr zu Jahr.

Für den Massentourismus liegen Neufundland wie Labrador zu abseits. Doch die wenigen Gäste werden umso herzlicher empfangen. Bezeichnenderweise heißen die vielen B&B-Inns hier »Hospitality Homes« – treffend für die überwäl-

Walfänger errichteten im 19. Jahrhundert an der Küste von Labrador zahlreiche Basisstationen. Manchmal sind wie in Ant Hills Cove Schiffsplanken und Teile der großen Öfen erhalten, mit denen das Fett ausgekocht wurde.

tigende Gastfreundschaft der Insulaner. Überhaupt sind die »Newfies« (so werden sie von ihren Landsleuten genannt) ein ganz eigenes Völkchen: bodenständig, oft schrullig, manchmal etwas rückständig. In manchen der Outports, den völlig abgeschiedenen, nur per Boot erreichbaren Häfen, wird gar noch altes Englisch wie zu Zeiten Shakespeares gesprochen. So sind die Newfies für die Kanadier, was für uns die Ostfriesen sind: ein Thema für Witze. Das Bonmot »Der Weltuntergang findet heute um Mitternacht statt – in Neufundland um 0.30 Uhr« liegt nicht ganz falsch. In Neufundland gehen die Uhren wirklich anders. Es hat seine eigene Zeitzone: eine halbe Stunde später als die übrigen Atlantikprovinzen.

Nova Scotia, New Brunswick und Prince Edward Island sind die anderen drei Ostprovinzen Kanadas. Wie in Neufundland sorgt der kalte Nordatlantik seit den ersten Siedlertagen für einen gedeckten Tisch. Fisch und vor allem Hummer werden in den unzähligen Hafenorten entlang der zerklüfteten Küsten an Land geholt. Überall an den Piers stapeln sich die aus großmaschigem Draht gefertigten Hummerfallen, überall in den Örtchen finden im Sommer »Lobster Festivals« statt, bei denen mit Paraden, Fiddlemusik und Bergen von feuerrot gekochten Hummern gefeiert wird. Sogar die Hamburgerbuden in den Maritimes verkaufen nicht nur Burger, sondern auch »Lobster-Rolls«: Zartes Hummerfleisch kommt in ein aufgeklapptes Brötchen, pikante Soße darüber, fertig ist das Pausenbrot.

Im 18. und 19. Jahrhundert pochte in den Maritimes das wirtschaftliche Herz Kanadas. Handel und Schiffsbau florierten, Orte wie Saint John, Lunenburg und Halifax waren stolze, reiche Hafenstädte an den Handelsrouten nach Europa. Während der letzten hundert Jahre jedoch zog der Wirtschaftsboom westwärts, im Zeitalter der Düsenjets wurden die Provinzen am Atlantik zu armen Schwestern im Hause Kanada. Der traditionsreiche Fischfang liegt darnieder. Nur der Hummerfang blieb lukrativ wie seit alters her.

Schottische Landschaftsszenerien

Nicht verändert hat sich die herbe Schönheit des meerumrahmten Landes. Stille Wattlandschaften, feine Sandstrände und felsige Buchten

Geisterdorf in der Einsamkeit: Fast hundert Jahre lebte Cape St. Charles an der Südküste von Labrador vom früher immens reichen Dorschfang. Nach dem Fangverbot wegen Überfischung 1992 starb der Fischerort aus.

entlang der Küsten, wilde Lachsflüsse und dichte Wälder im kaum besiedelten Landesinneren – Szenerien, die vielerorts wie in Schottland oder in der schwedischen Schärenlandschaft anmuten. Die Sommer sind warm und sonnig. Erst im Winter zeigt der Atlantik, was in ihm steckt. Dann schlagen die Sturmwogen auf die Felsküste ein und eisige Blizzards aus dem Norden fegen über die geduckten Bergketten. Kaum zu glauben, dass man wenige Monate später, im Hochsommer, an den Stränden von Prince Edward Island wunderbar in den Wellen planschen kann.

Auf Cape Breton Island, ganz im Osten der Maritimes, steigt das Land in mächtigen Tafelbergen aus dem Meer. Hochmoore und Steilklippen säumen die Panoramastraße des Cabot Trail, der in dramatischem Auf und Ab die Nordspitze der Insel umrundet. Dies ist Nova Scotia, »Neuschottland«, und tatsächlich wurde die Region vor gut 200 Jahren vorwiegend von Highland-Schotten kolonisiert, die sich hier wohl wie zu Hause vorkamen. Noch heute gehört zu jeder Parade ein Dudelsackpfeifer, das gälische Erbe wird in einem eigenen College gepflegt. Cape Breton Island ist der ursprünglichste Teil der Maritimes – was aber nicht bedeutet, dass sonst je irgendwo Hektik aufkommt. Kleine Hafenstädte an den Küsten, Farmen und Obstplantagen in den geschützten Tälern und sanfte, bewaldete Hügelketten bestimmen das Bild. Selbst in Halifax – mit gut 300 000 Einwohnern, fünf Universitäten und einem großen, eisfreien Hafen die Metropole der Atlantikprovinzen – hält sich der Stadttrummel in Grenzen.

Die zergliederte, von Granitfelsen gesäumte Südküste von Nova Scotia ist traditionell das Reich der Fischer und Bootsbauer. Schmucke, weiße Häuschen klammern sich an die Ufer, Leuchttürme krönen die weit in den Atlantik vorspringenden Kaps, alte hölzerne Werften und Piers säumen die zahllosen Buchten. Geschichten von Rumschmugglern, Freibeutern und vergrabenen Schätzen umranken die pittoresken Örtchen. Das wahre Schatzkästchen des Küstenstrichs ist Lunenburg dessen gut erhaltene Altstadt von der UNESCO zum Weltkulturerbe erklärt wurde. Um 1750 holte der englische König protestantische Siedler aus der Schweiz und dem Rheinland, um diese Region zu besiedeln. Die »Lunenburg Dutch«, ursprünglich Bauern und Händler, verlegten sich bald auf den Fischfang und den Schiffsbau. In den alten Werften der Stadt entstehen noch Jachten und Boote in alter Bautechnik.

Der Norden Neuschottlands gibt sich lieblicher, weniger maritim. Apfelplantagen und Gemüsefelder umrahmen die Orte im fruchtbaren Annapolis Valley, das als eine der ersten Regionen Kanadas von Weißen besiedelt wurde. Im Reich der Micmac-Indianer gründete Samuel de Champlain 1604 das Fort Port Royal und verbrachte hier seinen ersten Winter in der Neuen Welt – ein harter Winter muss es gewesen sein, denn 36 seiner 80 Leute erlebten das Frühjahr nicht. Die nachfolgenden Siedler, französische Akadier, blieben ebenfalls glücklos: Als Nova Scotia in britische Hand wechselte, vertrieben

Mitte:
Fotogene Nostalgie:
Farmer auf Neufundland hatten es nie leicht und ein neuer Traktor lohnt sich nicht. Mehr als Gras geben die kargen Böden der Felseninsel ohnehin nicht her.

die neuen Herren um 1750 mit harter Hand die Akadier – Henry Longfellow hat die tragische Geschichte dieses Volkes in seinem Epos »Evangeline« verewigt. Viele Akadier wurden nach Louisiana verschleppt, doch manche flohen in die Wälder. So gibt es überall in den Maritimes französische Enklaven. Ihr wichtigstes Siedlungsgebiet wurde die Nordostküste von New Brunswick, die Acadian Shore.

Weltrekorde der Gezeiten

Das waldreiche New Brunswick ist die größte Provinz der Maritimes. Nur entlang der Küsten und im Tal des breiten Saint John River hat die Zivilisation wirklich Fuß gefaßt. Dafür kann New Brunswick mit Natur der Superlative aufwarten: In der Bay of Fundy erreichen Ebbe und Flut Weltrekorde. Die Trichterform der gut 200 Kilometer langen Bucht und der Lauf der Gezeitenwoge um den Globus schaukeln sich hier zu den größten Gezeiten der Welt auf: 10 Meter sind die Norm, doch es wurden schon bis zu 16 Meter gemessen. Bei Ebbe fallen weite Gebiete des Meeresbodens trocken – Wattwanderer müssen sich allerdings vorsehen, denn die Flut rollt mit Radfahrertempo herbei und lässt gefährliche Strudel entstehen. Die Kraft der Gezeiten kehrt sogar den Lauf der Flüsse um, richtige Flutwellen können entstehen. Zahmer zeigt sich das Meer an der Ostküste der Provinz, große Dünengebiete und lange Strände ziehen sich dort die Northumberland Strait hin.

Es bleibt die letzte und kleinste der Atlantikprovinzen, Prince Edward Island. Kaum 5600 Quadratkilometer groß ist die Insel im Golf von St. Lorenz vor der Ostküste von New Brunswick. »Zwei Strände und ein Kartoffelfeld dazwischen«, so wird das Eiland gern beschrieben. Da ist Wahres daran, denn in der roten Erde von P.E.I. gedeihen Kartoffeln ganz besonders gut. Und die teils ebenfalls rötlichen, feinsandigen Strände, die die Insel umsäumen, zählen zu den schönsten in Kanada. So hat sich die Bauerninsel mit ihren idyllischen Puppenstuben-Dörfern und Hummerhäfen über die Jahre zu einem der beliebtesten Ferienziele der Kanadier entwickelt. Seit neuerdings eine mächtige, gut 13 Kilometer lange Brücke die Insel ans Festland bindet, ist der Anschluss an die Außenwelt noch besser geworden. Im Sommer kommen ein paar mehr Touristen, im Winter ist nun die Versorgung bei starkem Eisgang gesichert. Doch ansonsten träumt P.E.I. wie die übrigen Provinzen der Maritimes einen sanften Dornröschenschlaf.

Kleiner Ort, große Geschichte: Ferryland an der Ostküste von Neufundland. Fischer aus Europa kamen vermutlich schon um 1500 bis hierher und legten Sommercamps an. 1621 gründeten die Briten hier die Kolonie Avalon.

Linke Seite: Saint John in New Brunswick ist die älteste offiziell registrierte Stadt Kanadas. Nach dem amerikanischen Revolutionskrieg wurde die noch heute wichtige Hafenstadt an der Bay of Fundy 1783 von britischen Loyalisten gegründet.

Die Wellen der Bay of Fundy formen die Küste bei Alma, New Brunswick. Die Gezeiten hier sind die höchsten der Welt: bis zu 16 Meter kann der Meeresspiegel der Bucht zwischen Flut und Ebbe schwanken.

Die Fischer von Alma können nur bei Flut in See stechen – bei Ebbe sitzen ihre Boote auf dem Trockenen. An der Nordküste der Bay of Fundy fällt das Watt oft Kilometer weit trocken.

Prince Edward Island, die kaum 200 Kilometer lange Inselprovinz im Golf von St. Lorenz, wirkt wie eine Puppenstube. Idyllische Farmen, Dünen, kleine Häfen – hier ticken die Uhren tatsächlich anders.

French River, Prince Edward Island: Makrelen, Heringe und selbst riesige Turfische werden von den Fischern vor der Nordküste der Insel gefangen. Buchten wie die Malpeque Bay nahebei bieten die besten Austernzuchten Nordamerikas.

Prince Edward Island lebt von und mit dem Meer: In Hafenorten wie North Rustico sind die Fischer vor allem auf den Hummerfang spezialisiert. Gut 100 000 Hummerfallen werden zur Fangsaison im Mai/Juni ausgebracht.

Jedem Fischer eine Hütte: New London an der Nordküste von Prince Edward Island ist einer der typischen kleinen Häfen der Hummerfänger. Die Fischer der Insel bringen alljährlich rund 8 000 Tonnen Hummer ein.

Linke Seite: Die Stadtuhr in Halifax – ein Geschenk des englischen Prinzen Edward aus dem Jahr 1799. Sechs Jahre lang kommandierte der Prinz die britische Garnison hier und baute Halifax zur blühenden Stadt aus.

Lunenburg ist seit 250 Jahren die Hochburg der Bootsbauer in Nova Scotia. Die Altstadt, von der UNESCO als Welterbe unter Denkmalschutz gestellt, sieht exakt aus wie vor hundert Jahren.

Zu bereden gibt es viel unter den Fischern auf Cape Breton Island im Osten von Nova Scotia: das oft stürmische Wetter, die von der Regierung festgesetzten Fangquoten und die stete Abwanderung der jungen Leute.

La Forteresse de Louisbourg – Auferstanden aus der Asche

Mitte oben: Marschieren für den König: 40 Jahre dauerte der Bau der Festungsstadt, doch den Belagerungen der Briten in den Jahren 1745 und 1758 konnte die Garnison beide Male nicht widerstehen.

Großes Bild: Historischer Alltag in der französischen Festungsstadt Louisbourg aus dem 18. Jahrhundert: Der Quartiermeister registriert in seinem Kontor die Ladungen aller ankommenden Schiffe.

Kalte Gemäuer, harte Arbeit: das Leben der Pioniere im Jahr 1744 war trist und gefährlich. Die Frauen blieben drinnen, mussten Fischnetze reparieren und kochen. Aus Angst vor Indianerüberfällen durften sie die Stadt nur selten verlassen.

Heute ist der Festtag des Königs. Das Lilienbanner wurde schon morgens aufgezogen, nun feuern die Kanonen Salut. Die Bewohner von Louisbourg wollen den Ehrentag gebührend feiern. Ein kleiner Trupp Soldaten in buntem Wams marschiert – vorneweg ein Trommler – die schmale Gasse des Kolonialstädtchens von der königlichen Bastion herab. Unten am Hafen haben die Soldaten dann den Rest des Tages frei, der begleitende Leutnant lässt sogar eine Extra-Ration Wein an die Männer ausgeben. Wirklich ein Ehrentag.

Die Szene spielt im Jahr 1744. Oder besser: So hat sie sich im Jahr 1744 sehr wahrscheinlich zugetragen. Das haben aufwändige Recherchen der Historiker ans Licht gebracht. In Louisbourg, der Museumsstadt auf Cape Breton Island – oder Isle Royale wie die Insel zu französischer Zeit hieß – wird Geschichte inszeniert. Detailgenau und mit viel Hingabe der Akteure. Wie in einer Zeitmaschine tritt man als moderner Besucher durch das mächtige steinerne Tor der Festung und findet sich urplötzlich im 18. Jahrhundert wieder. In jener Zeit, als Frankreich über den Osten Kanadas herrschte und die Engländer begannen, begehrliche Blicke auf die fisch- und pelzreiche Region zu werfen.

Die stolze Forteresse de Louisbourg – Bauzeit 40 Jahre! – war damals das Gibraltar der Neuen Welt, Frankreichs wichtigster Militärstützpunkt in Kanada. Schon 1713 hatte man damit begonnen, die Festung auszubauen. Nachdem die Engländer eigene Kolonien um Boston und in Virginia aufgebaut hatten, brauchte Frankreich ein Gegengewicht. Handfeste wirtschaftliche Interessen spielten eine Rolle: Von Louisbourg aus wurde getrockneter Kabeljau nach Frankreich und in die Karibik verschifft. Von hier konnten Kriegsschiffe die Handelsrouten überwachen. Und von Louisbourg zogen die französischen Waldläufer, Entdecker, Pelzhändler und Siedler weiter zum St.-Lorenz-Strom und ins Binnenland.

Doch die Tage Frankreichs als Kolonialmacht in Kanada neigten sich dem Ende entgegen. Englische Flotten, unterstützt von Kolonisten aus Boston, rückten 1745 und 1758 zu großen Belagerungen an. Beide Male fiel die Festung und wurde am Ende sogar von den siegreichen Briten geschleift. Nichts außer ein paar Erdwällen erinnerte mehr an Louisbourg – 200 Jahre lang.

Lebendige Geschichte

Seit 1961 jedoch weht das Lilienbanner erneut über der Feste: Für 30 Millionen Dollar rekonstruierte die kanadische Parkverwaltung rund ein Fünftel der Stadt wie sie im Jahr 1744 aussah – von den Steinmauern der Häuser bis hin zu den Lampenschirmen der Einrichtung. Louisbourg sollte jedoch kein starres Museum mit Glasvitrinen werden. Um das Erlebnis der Zeitreise eindringlicher zu gestalten, wurde ein »living history programm« geschaffen: Rund einhundert Studenten und Bewohner der umliegenden Dörfer spielen Geschichte. Als Soldaten und Seeleute, Händler, Dienstboten und Fischer leben die »Museumsfranzosen« heute den Sommer über in der Stadt, arbeiten wie damals, tragen die Kleidung von damals, erzählen die Geschichten von damals. Die Schauspieler erfüllen ihren Sommerjob mit großer Begeisterung und viel Feingefühl. Sie leben ihre Figur, die auf historischen Vorbildern beruht, und kennen sich in den Details der dargestellten Epoche gut aus.

Für den Besucher eine Reise in eine vergangene Zeit: Hier kann man Geschichte zum Anfassen erleben. Man be-

gleitet die Soldaten zum Exerzierplatz, sieht den Bootsbauern in der Werkstatt zu, wohnt der Auktion der Habseligkeiten eines ertrunkenen Fischers bei. In der Taverne der Witwe Grandchamp sitzen an derben Holztischen Seeleute und französische Soldaten zusammen und diskutieren die letzten Nachrichten. Das erhitzte Gespräch dreht sich um die englischen Spione, die in der Umgebung der Stadt gesehen wurden. Eine nicht zu unterschätzende Gefahr. Als Besucher wird man unwillkürlich mit hineingezogen in das Drama der englisch-französischen Kriegsjahre im 18. Jahrhundert.

Im Hafen der neu erstandenen Stadt herrscht reges Treiben wie einst – die »Soldaten« lassen ein neues Boot zu Wasser. Nach dem Willen des französischen Königs sollte Louisbourg ein Gibraltar der Neuen Welt werden.

Wie in Louisbourg wird heute quer durch Kanada in mehr als einem Dutzend »bewohnter« Museumsdörfer die Geschichte lebendig gehalten. Jede Ära in der Geschichte des Landes wird in einer typischen Siedlung bewahrt – wichtige Fixpunkte in der Suche des jungen Vielvölkerstaates nach einer Identität. Louisbourg veranschaulicht das Leben in einem Militärposten der französischen Kolonien, Fort Henry bei Kingston das in einer britischen Garnison. King's Landing und das Village Acadien in New Brunswick sowie Upper Canada Village in Ontario zeigen das Siedlerleben zu Anfang des 19. Jahrhunderts. Das Museumsdorf Sainte-Marie among the Hurons bei Midland schildert die Tage der jesuitischen Missionare im Lande der Huronen-Indianer. In Fort William am Lake Superior und in den Pelzhändlerforts des Westens, Fort St. James in British Columbia etwa oder Lower Fort Garry bei Winnipeg, erlebt man den rauen Alltag der Pelzhändler mit, sieht wie Bannock-Brot gebacken wird, wie Pelze getrocknet und Birkenrindenkanus hergestellt werden. Und wenn die Pioniere Feste feiern für Könige und Schutzpatrone, dann ist man als Besucher in der ersten Reihe dabei.

Service im 18. Jahrhundert: Jeden Morgen bringen die Straßenverkäufer den »Hausfrauen« frisches Brot. Im Winter allerdings war die Kost der Kolonisten oft eintönig: Dörrfisch und Pökelfleisch.

Großes Bild:
Das Tor zur
Neuen Welt: Seit fast
500 Jahren passieren
Schiffe die Hafenein-
fahrt von St. John's
auf Neufundland.
Früher waren es die
Segelschiffe der Ent-
decker und Fischer,
heute kommen
Containerfrachter.

Kleine Bilder:
Der Fischfang in
Neufundland ist in
einem drastischen
Wandel begriffen:
Seit 1991 die großen
Kabeljauschwärme
ausblieben, suchen
die Fischer nach
neuer Arbeit und
neuem Lebensinhalt.
Der Fang von Tinten-
fischen und Krebsen
mildert die hohe
Arbeitslosigkeit nur
wenig.

Die Felsen von Cape St. Mary's vor der Südküste der Avalon-Halbinsel Neufundlands sind ein einzigartiges Refugium für Meeresvögel. In der Kolonie nisten neben Tausenden von Tölpeln auch Alke, Sturmvögel und rund 30 000 Paare Dreizehenmöwen.

Nächster Stopp: Irland. Zwischen der Ostküste von Neufundland bei Bay Bulls und Europa liegt nur offenes Meer. Von diesem Küstenabschnitt aus wurden die ersten Telefonkabel durch den Nordatlantik verlegt.

Leben im Abseits: Nur im Sommer ist das Fischerdorf Fogo auf Fogo Island im Norden Neufundlands per Fähre erreichbar. Am 15. Oktober ist Schluss. Und bei rauer See kommt man im Winter mit dem eigenen Boot nicht weit.

Papageientaucher, Tölpel und sogar Weißkopfseeadler leben auf den Steilklippen bei Bay Bulls im Osten Neufundlands. Neben Vögeln sind auf naturkundlichen Bootstouren oft auch Buckel- und Minkwale zu sehen.

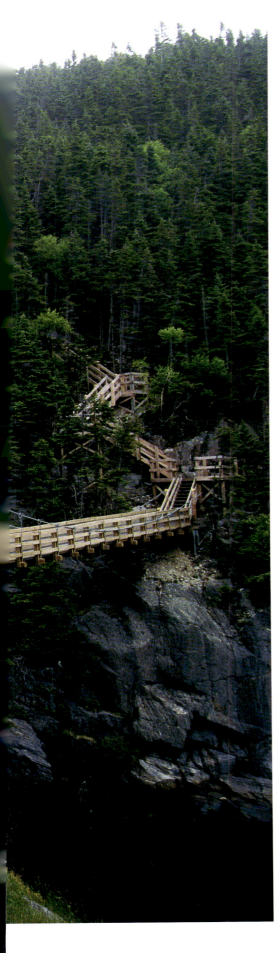

Großes Bild:
Kein Pfad für schwindlige Wanderer: Die La Mancha Bridge ist Teil des East Coast Trail. Der neue Langstrecken-Wanderweg folgt in 18 Abschnitten der Küste Neufundlands 220 Kilometer weit von Saint John's nach Süden.

Kleine Bilder:
Von der Küste bis in fast arktisch anmutende Tundraregionen erschließt der East Coast Trail die unterschiedlichen Landschaften Neufundlands. Häufige Wegbegleiter sind die beiden wichtigsten Huftiere Kanadas: Elche und Karibus, die übrigens nur auf Neufundland einen überlappenden Lebensraum haben.

Seite 220/221:
Posten am Rande der Welt: Rund 500 Menschen wohnen in Mary's Harbour an der kargen Küste von Labrador. Zumeist vom Fischfang. Neuerdings hat das Örtchen eine Straße nach Red Bay und zum Fährort Blanc Sablon bekommen. Die Welt wird sich verändern.

219

Register	Bildseite	Textseite	Register	Bildseite	Textseite
Alert Bay	47	24, 54f	Kingston	172	141, 182, 213
Algonquin	170	140	Kitchener	163	162f
Alma	207		Klondike	102	103, 116f
Ant Hills Cove	202		Kluane Mountains		102
Ashcroft		25	Kluane National Park	108, 111, 113, 120	105
Atlin	12, 73, 75		Kootenay	59, 62	83
Aulavik Park		105	Klukshu	120f	
			'Ksan		54f
Baffin Island	6, 100, 105, 127ff, 132		Lake Bennett		117
Banff	87, 92	15, 82f, 89	Lake Laberge	123	
Banff National Park	85, 87, 90, 92, 95	15, 82f, 88	Lake Louise	82, 85, 89, 93ff	89
Barkerville	116	25	Lake O'Hara	6, 80	
Bay of Fundy	15		Lake Ontario		15, 139f
Beauport		182	Lake Superior	183, 194	140, 182, 213
Beaver Cove	70		Laurentides	180, 194, 196	
Bowron Lakes		25	Likely		25
Broken Group Islands	46		Lillooet	77	25
Buttle Lake	50		Louisbourg	212f	212f
			Lumsden	164	
Calgary	143f	139	Lunenburg	211	203f
Cameron Lake	24, 146				
Cape Breton Island	211	204, 212	Maligne Lake	6, 97	
Cape Mudge		24, 55	Mary Lake	14	
Cariboo Mountains	116	22, 25, 116	Mary's Harbour	219	
Chapleau Game Reserve		140	Montréal	183, 187, 196	88, 140, 182f
Chetwynd	78		Mont Tremblant	196	
Chilcoot Range	75		Morraine Lake	85	
Chilkoot Pass	117	116	Mountain View	155	
Churchill	130f	130f	Mount Logan	111	105
Coast Mountains	36, 70, 72, 75, 77	23f			
Cranbrook	62		Nelson	63	
			New Denver	63	
Dawson City	103, 108f, 111ff, 119	102ff, 117	New Heidelberg		162
Dawson Creek	78		Niagara Falls	15, 178	
Deep Cove	53				
Deschambault		182	Osoyoos	57ff	
Downtown Lake	72		Ottawa	175ff	55, 141, 182
Drumheller	154				
			Pacific Rim National Park	22, 42, 46, 48	24
Edmonton		139	Pangnirtung	127	
Elk Island National Park		140	Paulatuk	123, 127	
Ellesmere Island		14	Peyto Lake		82
			Pincher Creek	151	
Ferryland	205		Point Pelee		15
Fogo Island	7, 217		Port Renfrew	50	37
Fort MacLeod	145		Port Severn	170	
Fort Steel	62		Prince Edward Island	208f	204f
Gabriola Island	43		Québec	180, 182f, 189ff, 193	88, 182f
Goldbridge	72f				
Golden	90		Regina	136, 167	
Grise Fjord	104, 133		Rocky Mountains	6, 14f, 59, 62, 88-92, 94, 97, 138, 146	14f, 22, 88f
Gulf Islands National Park	43				
Haines Junction	113		Saint John	207, 214, 219	203
Halifax	200, 211	203f	Selkirk Mountains	90	
Henceville	77		Sirmilik Park		105
Henna	139		Skagway	102	116
Hezelton	53	55	Smithers		25
Herbert Lake	87		Spirit Island	97	
Hilsprings	152		Squamish	70	
Horsefly		25	Stewart	75	
Hudson Bay	130f	83, 130f, 139, 183	St. Elias Mountains	111	
			St. Jacobs		162
Iqaluit	132	103	St. Martins	15	
			Strathcona Provincial Park	50	24
Jasper	15, 83		Sunshine Village	90	
Jasper National Park	6, 92f, 97	83			
			Tagish Lake	109	
Kainai	158f		Telegraph Cove	46, 51	
Kamloops	66, 77				

Register	Bildseite	Textseite	Register	Bildseite	Textseite
Terra Nova National Park		202	Wallenstein	163	162
Tilting	7		Waterton Lakes National Park	146f	82f
Tombstone Mountains	111		Whistler		22, 25
Tofino	40, 43		Whitehorse	112, 123	102f
Toronto	167, 170, 175, 177	14, 55, 139ff, 162	Williams Lake	68f	
			Winnipeg	167, 170	139, 202, 213
Ucluelet	46f		Wood Buffalo National Park		105
Upper Waterton Lake	147		Wrangell-St. Elias National Park	111	
			Writing-on-Stone Provincial Park	149	
Vancouver City	27-37, 54	14, 22f, 25, 88			
Vancouver Island	20, 24, 37, 40, 42f, 46-50	14, 22ff	Yellowknife		103
Victoria	23	14, 23, 88	Yoho National Park	6, 14, 80, 85	82f

Impressum

Buchgestaltung
hoyerdesign grafik gmbh, Freiburg

Karte
Fischer Kartografie, Aichach

Alle Rechte vorbehalten

Printed in Germany
Repro: Rete, Freiburg
Druck/Verarbeitung: Offizin Andersen Nexö, Leipzig
www.verlagshaus.com
© 2007 Verlagshaus Würzburg GmbH & Co. KG
© Fotos: Karl-Heinz Raach

ISBN 978-3-8003-1702-8

Weitere Titel finden Sie unter:
www.verlagshaus.com

Der Fotograf dankt folgenden Personen für Ihre freundliche Unterstützung:

Karl-Heinz Limberg, Canadian Tourism Commission
Astrid Holzamer, Kanadische Botschaft in Berlin
Fran & Brian Williams, Nain, Labrador
Jim & Yvonne Jones, Mary's Harbour, Labrador
Elke Dettmer, Pouch Cove, Newfoundland
Kathleen Crotty, Tourism Newfoundland & Labrador
Kim Lacey: Tourism New Brunswick
Marina Schneider, Roselyne Hebert: Tourisme Quebec
Sabine Schmidberger, Susanna Petti: Tourism Ontario
Peter Elmhirst, Anne Marshall, Elmhirst's Resort, Ontario
Hans Blohm, Ottawa, Ontario
Merv & Linda Gunther, Frontiers North, Manitoba
Dennis Maksymetz, Travel Manitoba
Silvia Braun, Lori Grant, Nolwenn Ménez, Elinor Fish:
   Travel Alberta
Wayne & Judy Lucas, Lucasia Ranch, Alberta
Judy Alsager & Richard Keep, Williams Lake,
   British Columbia
Joe & Traudl Marten, Williams Lake, British Columbia
Gus & Marina Abel, Tyax Mountain Lake Resort,
   British Columbia
Adrian Dorst, Tofino, Vancouver Island, B.C.
Gord Rees & Rod Morgan, Westcoast Mountain
   Campers, Vancouver